Rod Hares & Christa Clemmetsen

Aufsatz 2000

D1395939

German Language
ESSAY WRITING

2nd Edition

Hodder & Stoughton
A MEMBER OF THE HODDER HEADLINE GROUP

To Northumberland College of Higher Education, 1964–81, and to all its Staff and Students past and present, who, like ourselves, were privileged to belong to a fine and much-loved Institution. Also in memory of Ernest Mawson, a true Yorkshire gentleman.

RJH, CGC.

British Library Cataloguing in Publication Data

A catalogue record for this title is available from the British Library

ISBN 0 340 72478 1

First published 1981
Second edition 1998
Impression number   005   004   003   002
Year   2002   2001   2000

Typeset by Wearset, Boldon, Tyne and Wear.
Printed in Great Britain for Hodder & Stoughton Educational, a division of Hodder Headline Plc, 338 Euston Road, London NW1 3BH
by Redwood Books, Trowbridge, Wilts.

Contents

Preface

This short book has been written in response to requests for help from generations of students. It is not a comprehensive and fool-proof answer to the problems of writing an essay in German and it restricts itself to helping you with the mechanics of writing, knowing that your teachers, discussions, text-books and magazines will provide sufficient source material for your basic ideas and arguments.

What we have tried to do for you is to look at where you are likely to go wrong in the boiler-house of your essay, if the experience of past students is anything to go on. We believe that the book will help you to write an essay in correct and authentic German and that you will gradually achieve a level of confidence and greater enjoyment in your writing.

If you have any comments to make on how the book has been of service or where it could be usefully extended, please do not hesitate to write and let us know. Succeeding students will be only too grateful.

We wish you well in your endeavours.

Rod Hares
Christa Clemmetsen

An Essay Style

Whether you are writing in German or in English and whether you are bi-lingual or making your first attempt at a composition in a foreign language, among the problems to be resolved is the style of language you use. In fact, it is often a considerable encouragement to learners of German to know that individuals with an apparently perfect command of the language can easily come to grief on account of their written style when they try to write an essay.

Why should this be so? At first such a state of affairs may seem rather surprising, but it is not really at all unusual that people with an otherwise fluent command of a language should encounter difficulties when faced with a composition to write. The following two example paragraphs in English should clarify the point:

A

You hear a lot about this generation gap nowadays. When you hear old people talking, you get the feeling they think it's our problem or that the thing is worse now than it was then. I mean, there wasn't much of it about then. I think there are two things we ought to think about. First of all, we ought to think about what's behind this generation gap, then we've got to work out why it's a lot stronger in our day and age than it was then.

B

The generation gap rarely ceases to be of topical significance. In conversation with older people, one often obtains the impression that they hold us responsible for the increase in tension between our generations. In this connection, it would seem sensible to pursue two lines of thought. An attempt should be made, firstly to identify the causes of such mutual tension and, secondly, to explain why this phenomenon has increased in intensity.

The illustration is a clear indication of the fact that there are styles of language which are appropriate to given situations. Although both Paragraphs **A** and **B** treat essentially the same theme and ideas, **A** would not be acceptable in an academic written exercise, firstly because it is couched in a not very careful spoken style (or register) and secondly because its own colloquial and casual nature prevents the writer from conveying his information clearly and precisely. Paragraph **B**, although perhaps a little too *soigné*, does at least have the merit of reading smoothly and conveying its information with a degree of clarity. A glance back at the two sample paragraphs should be sufficient to indicate that the conversational tone of Paragraph **A** is not only off-putting because of the way it sounds, but also because it fails to carry any conviction.

An intellectual exercise

The style of Paragraph **A** suggests the reason why so many people will never be able to write an acceptable analytical essay in their first language, let alone in their second. A language essay of the type under discussion in this book is a demanding intellectual exercise, requiring precision of expression and logical development of ideas. For these aims to be achieved, the writer has to accept that different styles of language are required for different purposes. Of course, Paragraph **A** is an exaggerated example and few student readers will see themselves mirrored too closely in its language, but it does serve to illustrate that the language we use in casual, relaxed conversation is simply not good enough for a written essay, because firstly it will confuse the reader by its woolly, involved or elliptical style, and secondly, its particular texture may well cause the reader to react against it.

Some attention has been devoted to this particular point, since student writers often take the understandable attitude that they are not much in favour of being asked to write an essay using a style of language they would never use in speech. It is possible and, again, quite understandable, to feel that one is being forced into using a language register which is artificial, merely to impress one's readers. In the early stages of acquiring an essay-writing technique, this is precisely what happens, but, with practice, new expression becomes internalised and, therefore, part of the writer. To realise that this process is valid and has already taken place on other levels, it is only necessary to compare the differences in speech patterns between seven and fourteen-year-olds. In the adolescent, a degree of sophistication will have developed, commensurate with the changing environment of the individual. When foreign-language students are confronted with essay writing as a part of the curriculum, they will be wise to accept that for them, too, the environment has changed and that it is necessary to adapt to the demands of the exercise.

A study of the German equivalents of the sample paragraphs may now be appropriate.

A

Wir hören oft von der Spannung zwischen den Generationen. Und wir hören, wie die Alten sagen, daß es nie so viel Spannung gäbe, und daß wir daran Schuld seien. Das heißt, es gab nicht so viel Spannung damals. Ich glaube, es gibt zwei Dinge, über die wir nachdenken sollten. Wir sollten über diese Spannung zwischen den Generationen nachdenken—was steckt dahinter? Dann sollten wir darüber nachdenken, warum sie jetzt stärker ist.

B

Die Spannung* zwischen den Generationen ist heute ein oft
erörtertes Thema. Im Gespräch mit älteren Menschen gewinnt man
häufig den Eindruck, daß dies ein Problem unserer Zeit ist, welches
früher nur in geringem Maße existierte. Es scheint mir sinnvoll
zwei Gedankengänge zu verfolgen. Einmal müßte man die Ursachen
der Spannung zu erkennen versuchen, zum zweiten erklären, warum
sie heute stärker in Erscheinung treten als es früher der Fall war.

When the two paragraphs are compared after a first reading, the
initial reaction to **A** may well include the following elements:

1   difficulty in concentrating on what is being said.
2   irritation.
3   lack of interest.

You will have noticed that there is a considerable amount of
repetition in Paragraph **A**: *Wir hören, es gibt, Spannung, nachdenken
über*. Frequent repetition is a major stylistic blemish, since it
encourages the reader's mind to concentrate *less*, as there is *less* new
information coming through to be processed by the brain, than
should be the case. In other words, the reader needs to be presented
with a variety of new vocabulary and ideas, so that he or she will be
stimulated into concentration. The more reiteration there is, the more
likely the reader is to fall asleep or to react in an opposite direction
and become irritated. This latter reaction is partly a result of his
having to read the same words and phrases over and over again and
partly due to the fact that it he does wish to continue, he has to make
efforts to wade through the welter of colourless repetition, to find
out if anything new is being said.

Looked at positively, one of the writer's main responsibilities is to
maintain sufficient variety of expression for readers to find the
composition easy to read and for them to want to continue.

If the way is not made easier for the reader, then, as a consequence

(*See page 65)

of what has been noted above, the writer will have failed to involve his or her public sufficiently for them to maintain interest.

A study of Paragraph **B** reveals a piece of straightforward writing which does not attempt to produce any great thoughts. It is, in fact, a brief introductory paragraph, linking the main strands of what is to follow, but it has the merit of clarity. Here, the reader is not obliged to sift through repetitious statements to see exactly what is being said. The measure of varied vocabulary used by the writer provides some of the interest we have already discussed.

To avoid repetition, the following alternatives are used:
häufig for *oft*
existieren, in Erscheinung treten for *sein*.

Other key vocabulary suggests a logical ordered approach:
erörtert, sinnvoll, Gedankengang, verfolgen, erkennen, erklären.

This is precisely the vocabulary that is typical of the essay register, since it is balanced, clear, unemotional and impressive. The last of these qualities is basically a consequence of the other three.

An unemotional style

The need for a prose style conveying logic and clarity has already been established. A lack of emotional interventions (except occasionally for effect) will underpin these two aims, since feelings will not stand in the way of reason. This is an important point to remember, because, when we feel very strongly about something, we tend to make impassioned appeals to our readership. We should not forget that in so doing we risk alienating those whom we wish to persuade, since strong emotions from one individual tend to produce counter-emotions in another. Writers persuade their public by reason in the mind, with very occasional recourse to rhetoric.

*Wenn die Gesamtschule wirksamer sein soll, muß für jedes Kind eine große Fach- und Niveauwahl zur Verfügung stehen is much more likely to persuade than *Es liegt auf der Hand, daß die Gesamtschule keine große Fach- und Niveauwahl angeboten hat, weil solch ein System unmöglich ist.* The use of the comparative, *wirksamer*, has shown that the author is well aware of the flaws in the comprehensive system and is

(*See page 65)

attempting to offer reasoned improvements. There is also implicit in the first statement the indication that the essayist has not taken up a diametric position, in which all opposing arguments are dismissed out of hand.

Die Verlängerung des Lebens ... mag für viele eine geistige Belastung bedeuten will be more effective in its appeal to the reader than *Es ist eine Affenschande, daß wir das Leben für Alte verlängern, die dadurch körperlich und geistig belastet werden! Es ist auch kriminell!*

This latter example provides an object lesson. Such an emotional delivery may offend even those sympathetic to the views expressed, while the rational appeal reinforces through its calmness.

The need to impress

The style of the essay does need to impress, precisely because few discerning readers will approve what is written merely because they happen to agree with the writer's opinions. One's brief is to present a convincing argument, couched in suitable language, which will persuade the public that one can see the implications of the situation under discussion.

An analogy may be drawn with the interview procedure. If a young adult is called for interview for a place in tertiary education, or for a first employment, he or she is unlikely to arrive in very casual wear. There is a need to create an impression of a tidy, neat manner and the way the individual dresses should be a form of behaviour appropriate to the situation. No one expects the candidates' clothes to suggest they belong to the upper echelons of the Establishment, but they will put on tidy clothes, indicating they recognise the relatively formal nature of the occasion, and that they can function within its broad requirements.

This is what is asked of the writer of the advanced language essay. If, like the person in the interview, he succeeds in impressing by his style in what is undoubtedly just as formal a situation, he will have made those assessing him receptive to the real person inside the clothing of the ideas, because he has overcome the barrier of initial appearance.

(*See page 70)

Assignments

Now study the following pairs of short paragraphs, starting by reading the first paragraph on its own and noting what you regard as thin or uninspiring in it. Then look at the second of the pair and analyse for yourself the improvements you think have been made and even those areas where further amendments might be made.

A(1)

Historisch gesehen ist die Emanzipation der Frauen etwas Neues aber die Veränderungen für die Frau in der Familie und der Gesellschaft seit der Jahrhundertwende sind groß.

A(2)

Historisch gesehen ist die Emanzipation der Frauen eine neue Erscheinung, aber die Veränderungen die sich in der Stellung der Frau in Familie und Gesellschaft seit Auftreten der ersten Frauenrechtlerinnen vollzogen haben, sind weittragend.

B(1)

Jetzt können wir sehen, daß es sehr schwierig für uns ist, keine Furcht zu haben, weil ihre Gründe oft sehr ähnlich sind. Wenn wir zum Beispiel Hunger haben, ist es derselbe Hunger, ob es eine Frage von einer schlechten Ernte oder von Arbeitslosigkeit ist.

B(2)

Aus der obigen Vergleichstellung ist zu ersehen, daß es dem Menschen fast unmöglich ist, der Furcht zu entgehen. Selbst die Umstände, die Furcht erregen, sind oft ähnlich, denn Hunger zum Beispiel, ist gleich, ob er durch eine schlechte Ernte oder durch Arbeitslosigkeit hervorgerufen ist.

C(1)

Jedesmal wenn die Olympischen Spiele näherkommen, hören wir die gleiche Frage: ist die Olympiade sportlich, hilft sie uns zur Völkerverständigung und lohnt es sich der Mühe so viel Geld für sie auszugeben?

C(2)

Alle vier Jahre wenn die Vorbereitungen für die Olympischen Spiele ihren Höhepunkt erreichen, erhebt sich die gleiche Frage: ist die Olympiade ein sportlicher Wettbewerb, ein Weg zur Völkerverständigung und rechtfertigen die Ergebnisse den Riesenaufwand?

D(1)

Die Tatsache, daß die Frage heute so bedeutend ist, hat etwas mit unserer Epoche zu tun. Der Mensch als Mensch hat immer an den Tod gedacht aber das Problem scheint uns viel näher als früher.

D(2)

Die Tatsache, daß die obige Frage heute so in den Vordergrund gerückt ist, muß wohl als eine Zeiterscheinung betrachtet werden. Der Mensch als denkendes Wesen mußte sich schon immer mit dem Problem des Todes auseinandersetzen; es scheint aber, daß dieses Problem jetzt immer mehr in den eigentlichen Lebensbereich übergreift.

E(1)

Weil ich ein Motorrad habe, ist es mir unnötig, öffentliche Verkehrsmittel zu gebrauchen und für wenig Geld kann ich weit fahren. Wenn ich meinen Führerschein habe, kann sogar ein Freund mitkommen.

E(2)

Mein Motorrad gibt mir Unabhängigkeit von öffentlichen Verkehrsmitteln und für verhältnismäßig geringe Unkosten kann ich abgelegene Orte leicht erreichen. Wenn ich meinen Führerschein gemacht habe, kann ich sogar einen Freund als Passagier befördern.

F(1)

Als ich zum ersten Mal schrieb, hatte ich sicher schon erwähnt, wie gut hier alles ist. Das ist noch immer meine Meinung. Alles ist sehr ordentlich, sogar die Jeans der jungen Leute.

F(2)

In meinen ersten Eindrücken hatte ich sicher schon erwähnt, wie wohlhabend hier alles wirkt. Davon bin ich noch immer beeindruckt. Alles sieht ordentlich aus, sogar die Jeans der jungen Leute sind anders als bei uns.

Now turn to page 117 for a brief commentary on the assignment paragraphs.

2

Essay Language

The student can reach towards the level of language proficiency found in the model essays on pages 49–82 by studying the way the language is used in them and by acquiring the vocabulary and phraseology given in Appendices A and B.

The ultimate goal for the anglophone writer is to make his or her composition flow clearly in sound German. The aim of the present chapter is to concentrate on the question 'What is it that makes what I write sound German or un-German?'

If inexperienced language-essay writers can determine for themselves the answer to this question, they will have taken the first step towards achieving a genuine German style. An analysis of some sample paragraphs from the model essays is a useful point of departure.

A

Obwohl sie schon seit mehr als dreißig Jahren existiert, ist die Gesamtschule eine verhältnismäßig neue Erscheinung in der Erziehungsgeschichte. Im Laufe der Zeit wurden durch verschiedene private und später staatliche Maßnahmen immer mehr Kinder vom Schulsystem erfaßt. Nachdem Unterricht für Alle erreicht war, machte sich aber bemerkbar, daß längst nicht alle Kinder in gleichem Maße von der Schule profitieren. Aus dieser Erkenntnis entsprang der Begriff der Chancengleichheit, die anstrebt, jedem

Kind, ungeachtet seiner häuslichen Verhältnisse, die für seine Bedürfnisse bestmögliche Erziehung zu vermitteln. Ein Versuch, dieses Ziel zu erreichen, ist die Gesamtschule und ich will mich bemühen, kurz zu erklären, auf welchem Gedankengang sie beruht, werde aber auch einige Nachteile erwähnen, die sich häufig offenbaren, um am Schluß durch ein Abwägen die obige Frage beantworten zu können.

In Paragraph **A** certain vocabulary items have been underlined either because they are examples of essay-register language likely to be useful whatever the topic or because they show what a German with a reasonable vocabulary to choose from will tend to use, when those with more limited control of the language will keep repeating the same lexis.

Items like *Maßnahmen*, *erfaßt*, *profitieren*, *Begriff*, *Bedürfnisse*, *offenbaren*, *erwähnen* must be part of the learner's vocabulary bank, if (s)he is to develop a fluent style, since they clothe ideas that are the basic thought material of most topic areas.

Vocabulary variation

Anstreben and *sich bemühen* are two frequently encountered verbs that will be employed by a writer who is not content to keep repeating the base verb *versuchen*. Nor is it merely a question of a lack of fondness for repetition. The three verbs are nuances of the same concept and by using all three, as would the English writer calling upon 'try', 'strive' and 'attempt', the essayist has produced subtle variations of meaning to convey to his readership. Had *versuchen* been employed each time the concept of 'to try' was introduced into the paragraph, the reader might have formed the opinion that here was a writer with a repetitious style who was quite possibly a foreigner because of his inability to vary the vocabulary used.

Sich bemerkbar machen/sich offenbaren: again, the ability to vary the vocabulary obviates any assumptions on the part of the reader as to the reasons for any repetitiveness.

Entspringen/bestmöglich/häufig/erwähnen create a much greater impression of fluency of expression than the *kommen aus/best/oft/sagen* that are likely to be the first and only choice of many people writing German as a second language, who are unaware of the necessity to vary their vocabulary.

Common words

The student is not, of course, being counselled into total avoidance of commoner words, since, almost by definition, it would be either impossible or highly artificial to write a long composition from which such lexis would be omitted, without resorting to the repetitious use of their alternatives.

B(1)

Die Spannung zwischen den Generationen ist heute ein oft erörtertes Thema. Im Gespräch mit älteren Menschen gewinnt man häufig den Eindruck, daß dies ein Problem unserer Zeit ist welches früher nur in geringem Maße existierte. Es scheint mir sinnvoll zwei Gedankengänge zu verfolgen. Einmal müßte man die Ursachen der Spannung zu erkennen versuchen, zum zweiten erklären, warum sie heute stärker in Erscheinung treten als es früher der Fall war.

With Paragraph **B**, instead of adopting the technique applied to Paragraph **A**, let us imagine the same basic ideas written by someone whose German is becoming competent while still lacking in fluency:

B(2)

Die Spannung zwischen den Generationen ist ein großes Problem heute. Wenn man mit alten Leuten spricht, bekommt man oft die Idee, daß dies ein Problem heute ist, welches früher nur sehr klein war. Es ist vielleicht natürlich zwei Gedanken zu diskutieren. Zuerst muß man die Gründe der Spannung finden und dann erklären, warum sie heute größer ist als früher.

This version contains essentially the same thoughts as the first and is a fair representation of much that is typical in advanced essay writing at the 'A'-Level stage and often beyond. It will be evident that in this second version the standard of writing has dropped. An examination of individual details will help establish what is responsible for this deterioration.

Sein and haben

Ist, ist, war, ist, ist. Notice that the verb *sein* occurs more frequently in Paragraph **B(2)**. As a general rule, the writer with German as a mother-tongue will use *sein* (and *haben*) less frequently than his anglophone counterpart will use 'to be' (and 'to have'). If the student is conscious that his work contains these verbs in abundance, he should take steps to cut down their use.

Depending on the exact meaning and context, frequent alternatives for *sein* and *haben* are:

Sein

sich befinden; sich begeben haben; bestehen; geschehen; existieren; sich ereignen; stammen aus; stattfinden; vertreten; sich verhalten; vorgehen.

Haben

anhaben; besitzen; sein eigen nennen; erhalten; nehmen; tragen; mit etwas versehen (ausgestattet) sein.

German–German reference

It will be useful practice to check through the exact meanings of the verbs in the above lists in a German–German dictionary or *Stilwörterbuch*. Incidentally, one of the most rewarding ways of extending one's vocabulary and control of German is gradually to acclimatise oneself to working from such a book. With prose translation or re-translation, for example, the student might try sitting down to work with both a German–English dictionary and a German–German reference book in front of him. When, working from the English text for translation, he has found the German possibilities available to render the English expression, he might check the German alternatives against each other in the *Stilwörterbuch*.

Over-used expressions

*Groß/Problem/Leute/sprechen/bekommen/klein/diskutieren/muß/Gründe/
finden/größer* are some of the most over-used words found in student
essays. The first version of **B** and pages 14–21 contain acceptable and
interesting alternatives.

C

*Der eben erwähnte Grund(Punkt) ist nicht mehr ganz(rein)
biologischer Art, sondern etwas(teilweise) gesellschaftlich bedingt.
Dies bringt mich zu den sozialen Gründen(Ursachen) der Spannung.
Durch den Wohlfahrtsstaat sind die Unterschiede zwischen Arm und
Reich längst nicht mehr so groß(krass) wie früher(zuvor). Die
Kinder armer Eltern hatten früher(vormals) wohl selten Geld und
auch Kinder aus besser gestellten Häusern waren finanziell mehr von
den Eltern abhängig, als die heutige Jugend. Zu dem oben
erläuterten Problem(Dilemma) kommt so hinzu, daß die meisten
Jugendlichen heute (über) eine Kaufkraft haben(verfügen), die
ihnen eine ziemlich große(nicht unbeträchtliche) wirtschaftliche
Macht gibt.*

In Paragraph **C** all the items in brackets might, according to the
circumstances, be considered refreshing choices of vocabulary;
i.e. normal alternatives that are a little different from commonly
over-employed vocabulary that has lost its flavour.

Below is a list of many of the words that are most over-used in
language essays. In the same way as with *sein* and *haben*, a list of
possible alternatives has been included for the reader of this manual
to familiarise himself with by means of a *Stilwörterbuch*. When he is
writing a composition from now on, he should set himself the target
of using an alternative for these common words wherever possible.

Bedeutend

*beachtlich/bedeutsam/bemerkenswert/entscheidend/erstrangig/hervorragend
/imponierend/maßgebend/namhaft/vielsagend.*

Besprechen
diskutieren, erörtern, gegenüberstellen, klären.

Denken
ahnen, annehmen, ansehen als, glauben, meinen, voraussehen.

Geben
aufführen, ausdrücken, äußern, bieten, darstellen, gewähren, hervorbringen, reichen, schenken, spenden, verleihen.

Es gibt
es läßt sich feststellen, man kann ... sehen, verfügbar, vorhanden, zur Stelle.

Machen/tun
ausführen, bewerkstelligen, einen Weg beschreiten, die Lage ändern, fertigen, herstellen, überwinden, vermitteln, verursachen, vollbringen, vollziehen.

Sagen
anführen, aufzählen, ausdrücken, aussagen, erklären, erläutern, erwähnen, hervorheben.

Verkleinern
beschneiden, beschränken, vermindern, verringern, zurücksetzen.

Werden
aufschießen, gelangen, hervorkommen, entspringen, entstehen, wachsen.

Wissen
es ist bekannt, es ist sicher, es steht fest.

Aber/auch
auf der anderen Seite, anderseits, außerdem, hingegen, weiterhin.

Etliche
andere, einige, manche, mehrere, viele.

Gut
angenehm, anständig, begründet, brauchbar, eindrucksvoll, einwandfrei, erfreulich, fähig, fein, freundlich, geeignet, gefällig, gerechtfertigt, gesund, glimpflich, glücklich, günstig, gutgeartet, gutmütig, hochwertig, leistungsfähig, nützlich, passend, positiv, (qualitätsvoll), reichlich, tadellos, treffend, tüchtig, vertraut, vorteilhaft, wertvoll, wichtig, wirksam, wohlmeinend, wünschenswert.

Schlecht
böse, elend, mangelhaft, minderwertig, verdorben, übel, unangenehm, ungünstig.

Groß
beträchtlich, dringend, einflußreich, erheblich, heftig, hochtrabend, riesig,
stark, ungeheuer, vornehm.
Klein
bescheiden, beschränkt, eng, gering, jung, knapp, korrekt, unbedeutend,
wenig geachtet.
Schön
angenehm, eindrucksvoll, erfreulich, wertvoll.
bestechend, entzückend, reizend, reizvoll.
elegant, interessant, wunderbar.
Schwer
arg, beschwerlich, hart, heftig, intensiv, lastend, massig, massiv, mühevoll,
mühsam, schlimm, schwerfälligg, unbeholfen.
Schwierig
besonders, gewichtig, kompliziert, problematisch, schwerwiegend.
Leicht
einfach, es ist ein Leichtes, immerhin, ohne weiteres.
Wichtig
beachtlich, bedeutend, bedeutsam, bemerkenswert, entscheidend, erstrangig,
hervorragend, imponierend, maßgebend, namhaft, vielsagend.
Unwichtig
außenstehend, nebensächlich, unbedeutend.
Vorher
am Anfang, eingangs, obig, vordem, vorgehend, wie oben erwähnt, zuerst.

Assignments

A *Find alternatives for the words underlined in the following sentences,
using the vocabulary in the box to help you.*

1 Zusammenfassend möchte ich <u>sagen</u>, daß <u>der Grund</u> dieser
   großen Spannung <u>etwas</u> biologisch begründet ist.
2 Die Notwendigkeit für eine Alternative <u>kam</u> <u>aus</u> der
   Erkenntnis, daß Kinder aus Arbeiterfamilien <u>oft</u> keine <u>große</u>
   Leistung in der Schule <u>erreichten</u>.
3 Im Gegenteil, die Nachteile, die wegen der <u>großen</u>
   Schülerzahl <u>kamen</u>, <u>machten</u> die Lage <u>schlecht</u>.

4 Diese Nachteile können <u>aber</u> <u>verbessert</u> werden.

5 Ich möchte <u>sagen</u>, daß der Begriff der Chancengleichheit <u>sehr</u> <u>gut</u> ist.

6 Wie in den meisten <u>Diskussionen</u> ist es <u>auch</u> hier möglich, für die oben erwähnten <u>Vorteile</u> <u>Nachteile</u> zu <u>geben</u>.

7 Die Schule ist <u>sehr</u> <u>interessiert</u>, Kindern aus benachteiligten Familien zu <u>helfen</u>.

8 <u>Die Tatsache</u>, daß die obige Frage heute so <u>bedeutend ist</u>, muß wohl als <u>aktuell</u> <u>gesehen</u> werden.

9 Diesen Unterschied <u>kann</u> <u>man</u> <u>überall</u> <u>sehen</u>.

10 Diese <u>Sache</u> wird durch Einsamkeit <u>schwerer</u> <u>gemacht</u>.

Debatten   entstehen   anführen   häufig   allerdings
erwähnen   ebenfalls   Gegenargumente   verschlechtern
hinzufügen   bestrebt   äußerst   erschwert   beträchtlich
sich ergeben aus   fördern   wünschenswert   betrachtet
Faktum   vollbringen   beobachten   erheblich   teilweise
Zustand   gemildert   Punkte   bemerkenswert   weltweit
Zeiterscheinung   besonders   sich lassen   Ursache.

B *Fill the gaps in the sentences from the vocabulary in the box below, using each item once only.*

1 Wie kann man dieses Dilemma ..... ?

2 Wie kann man diese Frage ..... ?

3 Welche ..... konnte man also zu dem ..... Dilemma nehmen?

4 ..... profitiert die Wirtschaft?

5 Ist es also ..... , daß im Heim Spannungen ..... ?

6 Die Gründe dafür sind auf einem anderen ..... zu suchen.

7 Wie oben ..... , hat die Medizin ..... Fortschritte gemacht.

8 Im idealen ..... ist das ..... zwischen beiden Teilen .....

9 In sozialer ..... ist die ..... etwas anders.

10 Unsere ..... von Gut and Böse sind mit der christlichen Lehre .....

Begriffe beantworten Stellung lösen Lage verwunderlich verknüpft erhebliche erwähnt Fall Gebiet inwiefern Hinsicht günstig obigen bestehen Verhältnis.

C   *Now follow the same procedure for Exercises C, D and E.*

1   ..... gesehen ist die Gleichberechtigung für Frauen eine neue .....

2   Auf politischer ..... ist es sogar schwierig, Gründe .....

3   Vom sozialen ..... aus gesehen, können wir alles so .....

4   Die ..... der Situation könnte man vielleicht am besten in zwei Arten .....

5   Viele Spannungen möchten durch menschlichen ..... zu ..... sein.

6   Ich will ..... , das Dilemma auf diese Weise zu .....

7   Es ist das einzige ..... , das die Gesellschaft ..... um sich ihrer Verbrecher zu .....

8   Aus der obigen Vergleichstellung ist zu ..... , daß es dem Menschen fast unmöglich ist, der Verantwortlichkeit zu .....

9   Dieser Aufsatz sollte versuchen, die ..... zwischen Volk und Land zu .....

10   Es scheint mir, als ob die meisten ..... beider Seiten ähnlich viel ..... tragen.

Gewicht Ebene Kontakt ersehen Argumente historisch zusammenfassen anzuführen überbrücken entgehen klären Beziehung unterteilen mich anstrengen Mittel entledigen Standpunkt erörtern besitzt Erscheinung Ursachen.

D

1   Sowohl ..... als auch Kritiker führen viele Gründe zur ..... ihrer Argumente an.

2   Es ist leicht zu ..... , daß dies bei vielen Jugendlichen Anpassungsschwierigkeiten .....

3   Es hängt von der eigenen ..... ab, ob man Ruhe oder Tempo .....

4 Könnte diese Kaufform sich auch ..... auswirken?

5 Zwar könnte ich ..... Motive anführen.

6 Diese Argumente .... des Titels.

7 Sie können auch für den Einzelnen von ..... sein und ihm zu höheren Leistungen .....

8 Das tägliche Leben ist oft so ..... und ich ..... gern in meine .....

9 Im ..... mit der Schulfürsorge ist ebenfalls zu ....., daß die ideale Gesamtschule Jungen und Mädchen aller sozialen Klassen .....

10 Das Zusammenleben in der EU ..... Fortschritte, die manche früher furchterregenden Ursachen .....

Anhänger Phantasiewelt hochtrabende ersehen beseitigen Zusammenhang Aussage unterstützen eintönig erwähnen ermöglicht Vorteil bevorzugt Unterstützung nachteilig beherbergt hervorruft entfliehe verhelfen Persönlichkeit.

E

1 Selbst wenn man alle nachteiligen Argumente ....., würde ich sagen, daß es zur Völkerverständigung .....

2 In meinen ersten ..... habe ich schon ..... wie wohlhabend hier alles .....

3 Dafür gibt es ..... Gründe, die meisten davon sind aber nicht ..... Art.

4 Humanitäre ..... müssen sich sowohl mit dem einen als auch mit dem anderen .....

5 Moralische ..... sollten vom Blickpunkt des Einzelnen ..... werden.

6 Die auf die Wirtschaft ..... positiven und negativen Argumente halten sich die .....

7 Wenn Zeit ..... ist, wird manche Schwierigkeit im Gespräch ....., ehe sie große Proportionen .....

8 Ich werde einige ..... von diesen beiden ..... Stellungen aus betrachten.

9 Es ist also letzthin eine Frage um die ..... der moralischen ..... unserer Gesellschaft.

10 Ist es ein linearer Fortschritt, der zwar schon ..... aber noch weiter ..... ist?

> Umstände beiträgt bemerkenswert etliche vorhanden grundverschiedenen getroffen entwicklungsfähig erwähnt befassen akademischer beseitigt annimmt wirkt Waage Betrachtungen Erwägungen bezogenen Fundamente berücksichtigt Eindrücken Einstellung.

F *Add each of the following to a sentence from an essay you have recently completed, or make new sentences to include them.**

> eigentlich / gelegentlich / ebenfalls / allerdings / so wie / lediglich / etlich / wesentlich / an Hand (+ gen.) /akut / hauptsächlich / dank (+ dat.) / drastisch / eher als / ermöglichen / weiterhin / zumindestens / hingegen / ebenso / frühzeitig / großenteils / beieinander / tätig / sinnvoll / verfolgen / eng mit / normal / üblich / manch / gleichzeitig / längst / vormals / zwar / ausschließlich / jahrelang / notwendigerweise / gelangen / negativ / inwiefern / zusätzlich / typisch (für).

G *Look up the following items in a 'Stilwörterbuch' and make notes on those of their uses and alternatives most helpful to your essay writing.*

> aufführen / äußern / brauchen / fallen / feststellen / gelten / haben / kommen / lassen / leiten / nehmen / sein / stellen / wirken.

H *Haben* **and** *sein* **substitution.** *Use a 'Stilwörterbuch' to help you find substitutes for* **haben** *and* **sein** *in the sentences below.*

Haben

1 Australien <u>hat</u> genügende Reichtümer um die Finanzkrise zu bestehen.

*(*It may be of help to you to familiarise yourself with the model essays before you complete this exercise, but it would also be useful practice to attempt it twice, i.e. before and after familiarising yourself with the specimen essays.)*

2 Die Jugend <u>hat</u> zu viel Muße.
3 Dazu <u>haben</u> wir keine Zeit.
4 Wir Europäer <u>haben</u> ein schwaches Gedächtnis.
5 Diese Maßnahme wird Nachteile <u>haben</u>.
6 Die Regierung hat ihre Antwort <u>gehabt</u>.
7 Es ist leicht, einen schlechten Eindruck von ihm zu <u>haben</u>.

Sein
8 Wir <u>sind</u> in einem elenden Zustand.
9 Die Lage <u>ist</u> nicht genau so, wie sie aussieht.
10 Er <u>ist</u> aus einer alten Familie.
11 Die Ölkrise <u>war</u> im Frühling 1974.
12 Die Tagung <u>ist</u> am 20 Juni.
13 Diese Situation <u>ist</u> nicht mehr.
14 Wenn Gott nicht <u>wäre</u>.
15 Ich <u>bin</u> dieser Ansicht.

I *Construct a sentence that makes sense from each of the following groups of words. Each sentence may be as long or as short as you like, provided you use all the words in the group.**

1 Maßnahme / sich ergeben / Grund / Untersuchungen.
2 Mitglied / besitzen / gleich / Rang / Recht.
3 Bemühungen / erst / Erfolg / führen.
4 Erst / Schritte / Weg / unternehmen.
5 Gebiet / Kernforschung / ersehen.
6 Größe / Gefahr / übersehen.
7 Gehen / alt / Tradition / zurück.
8 Ziehen / Glaubwürdigkeit / Zweifel.
9 Bringen / unabsehbar / Elend.
10 Beträchtlich / Schwierigkeiten / bleiben / klären.

(*Again, you may wish to attempt this assignment before and again after reading the model essays.)

3

Structuring Your Essay

Themes

Most titles encountered will fit one of the following categories:

A   A contemporary problem or scene
B   A moral issue
C   Visits to and interest in a German-speaking country
D   The cultural or social background of a German-speaking country
E   A socio-political question
F   A socio-economic question
G   A philosophical question
H   Literature and the arts (their justification/your interest in)
I   Hobbies and pastimes
J   Sport

(See Appendix C for list of sample essay titles.)

Before considering the actual structure of the essay, the student should note how it may be possible in each of the categories to see the essay theme as a two-sided discussion point, i.e. as a subject containing both advantages and disadvantages, or, at least, conflicting views to be considered, for example:

1   *Längeres Leben bedeutet längeres Leiden* is a theme that lends itself well to a discussion of both the negative and the positive aspects of old age.

2 *Warum ausgehen? Ich lese lieber!* discusses the merits of both socialising (or simply getting out) and reading.
3 *Wie erklären Sie sich die Spannung zwischen den Generationen?* expects comment on the generation-gap and the underlying responsibilities of both young and old.
4 *Warum treiben wir so viel Sport?* may well elicit comment on sport in moderation and in excess.

It would be easy to take up a one-sided position on any of the above topics, but the essay is much more likely to be successful if an attempt is made to state and weigh up both sides of the question, even though the writer may feel very strongly in one direction.

Why should this be so? Firstly, it should be remembered that the person reading the composition is looking at both the language and the ideas, and, if it is being assessed for a mark, points will be allocated to both areas. If a student shows that he has a sufficiently balanced mind to be able to see both sides of a question, even though he inclines towards one, his score for thought-content will be much higher than for a one-sided essay.

Secondly, if he produces sufficient ideas and illustrations relating to two sides of a topic, he will find it much less difficult to devise enough subject matter to allow his essay a reasonable length. It is easier to find three major points for each side of a question, than to find six for one side or the other.

The Structure

The diagram on page 24 is a simple and effective model, on which to base the structure of the essay. If the assignment is written in three clearly recognisable sections – an introduction, a main body and a conclusion – it is already part of the way towards presenting a logical and well-rounded whole. Additionally, if the writer becomes accustomed to following such a scheme, he will find himself automatically prepared for the *shape* of his composition, even before he begins writing it. As one of the major problems confronting the essay writer is often the *shape* of what is being written, such preparation can only be beneficial, especially in the examination situation, when the proper organisation of available time is so important.

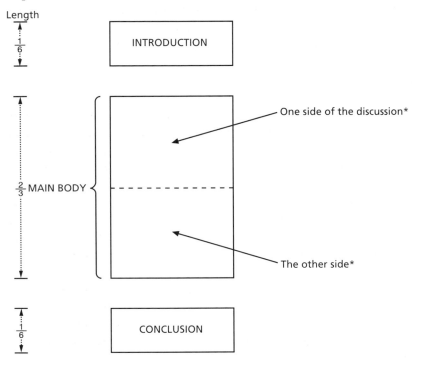

The introduction

This initial section (of one or two paragraphs and approximately one-sixth of the length of the essay) should be exactly what its title implies, and should introduce the reader to the theme, but the temptation to greet him or her with a collection of vague sentences that have little to do with the topic should be avoided.

What steps may be taken to ensure that the introduction is direct, relevant and interesting? If the following points can be answered in the affirmative then, as far as the thought-content and ideas are concerned, the reader's first reaction is likely to be favourable.

*(*See notes on the **strong structure** on page 27)*

Has the writer . . .

1   made at least an oblique reference to the title?
2   presented a list of the main points to come?
3   given some indication of his personal stance?
4   provided a smooth lead-in to the main body?
5   left room for manoeuvre in the conclusion?
6   not made his introduction too long/too short?

1   A partial allusion to the title helps to tie the author to his theme. This is particularly worth remembering, when it is realised that digression from the theme causes universal irritation in readers. But there is no necessity for repetition. A paraphrase, or the use of part of the actual title will suffice. Wholesale repetition, particularly if it occurs several times, suggests that the writer lacks the ability to express the idea himself.

2   The introduction is often at its most effective, when it draws together a list of the main points to be dealt with in the main body of the essay. It tends to have a direct quality, prepares the reader for what is to come and helps to check the writer's natural tendency to wander from his plan. It has the further advantage of imparting a logical feel to the assignment, when the reader can see that what is promised in the introduction actually occurs in the following paragraphs. All too often, there is little connection between introduction and main body, so that, by contrast, such a start as the one we are considering creates an impression of a clear and organised mind.

3   Somewhere in the introduction, the reader should be given an indication as to the particular standpoint adopted in the ensuing debate. This does not need to be too forceful, or have to follow the *Ich glaube, daß/für meine Person/Ich bin der Ansicht* . . . pattern, and may be put much less personally.

4   If the above suggestions have been followed, then the introduction is likely to have provided a smooth lead into the main body, since the

first major point with which one is about to deal, will already have been briefly mentioned. Should there seem to be a hiatus between the introduction and main section, then there may well have been a lack of relevance, clarity or direction in the first paragraph(s). Indeed, a careful look at the junction point between Sections 1 and 2 of the essay is a useful check, since the writer will be able to tell by the smooth or jerky transition, whether or not the introduction has done its job.

5 The temptation to list every main idea in the introduction, should be avoided as this may leave the essayist without anything new to say in the conclusion. As will be noted in the section of this chapter dealing with the conclusion (pages 29–31), there is a considerable tendency for the conclusion to be a barely concealed regurgitation of the introduction. Thus, it is advisable to leave an important point to be made at the end of the essay, so that it does not just peter out.

6 It is in the introduction that the reader gains his or her first impressions as to the worth of the writer's ideas. Too long an introduction is likely to wander from the point, to be too comprehensive, or, at worst, mere padding. What the reader would most like to see in the first few sentences, is a succession of clearly expressed statements, which are relevant to the title and give some indication as to a personal opinion.

At the other extreme from excessive length is the over-short introduction, which is so brief that the reader does not have time to situate himself before being plunged into the main arguments of the composition. 'First impressions count' is a cliché which is only too valid, when an essay is being assessed.

The main body

Important though the introduction is for situating the reader and for creating initially favourable impressions, it is the main body that carries the weight of the essay, by reason of its length and the fact that it develops extensively major and crucial arguments. Because, also, of its length, it can be more difficult to control than either the introduction or the conclusion, since it contains sufficient room for the writer to lose or wander away from his theme; but, before an examination of such pitfalls, some points relating to the general construction of the main body should be of use.

Strong structure

When the reader reaches the conclusion of the essay, most of what is uppermost in his or her mind will relate to the points most recently read. Presented with a considerable amount of information to read, the human mind quite naturally recalls best what it has just processed. Thus, if you, the writer, are attempting to sway the reader towards those arguments you favour, it is advisable to leave such arguments until the later stages of your composition. To see that this is a valid suggestion, one only has to look at the converse. Imagine you are writing an essay in which you examine the advantages and disadvantages of supersonic travel. You incline in favour of such travel and launch into the advantages directly after your introduction. You then present the points against immediately before your conclusion. It is safe to assume that the reader, if he is prepared to bother, will have to read back through your composition to refresh his memory as to the points you raised in praise of supersonic travel.

During the rest of this book, the essay structure in which the arguments supported by the writer are placed in the second half of the main body will be referred to as the 'strong structure', since it is this strategy which offers the strongest opportunity of influencing the reader.

A major difficulty still needing to be resolved is the fact that, sound as the above advice may be, it is not always possible for the writer to feel very positively about one side of the question. He may often feel sufficiently interested in a topic to wish to write about it, but his views on the subject may be very mixed. That should not deter him from using an extension of the 'strong structure', by still dividing the main body of the essay into two distinct halves, but ending with no firm decision as to the superiority of one side of the argument. (See Model Essays on pages 55–56, 59–61.)

Parallel argument development

The above method is not the only way of structuring the main section of the composition, although it is the most efficient and easily managed. Essays often proceed by means of what might be termed the 'parallel argument development', in which a point is put and its advantage assessed, followed immediately by an analysis of its disadvantages, or vice versa. If this procedure is represented diagrammatically, then the difficulties of the method are immediately obvious.

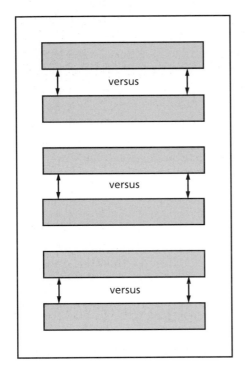

Main body parallel argument development

Throughout the composition, the writer is obliged to weigh up both sides of individual points before assessing their totality. Unless he is very fluent in written German and has a highly logical and organised mind, such an assignment is very demanding and, more important, whether or not he succeeds in achieving general clarity and balance within each point, the task for the reader will be made more difficult with this method, since he or she will have to be sifting two sides of an argument at every point. Once again, the question of shape is important, since, because both sides of each point presented are developed at each stage, no general feeling of weight of argument will emerge. Often, with the 'strong structure' the trend of the essay will have become quite clear to the eye of the reader by the volume of argument produced, since the writer will tend to write at great length on the side he supports, or have more ideas about it, and his position will be commensurably evident. This is a most valid point, since it is essential for the reader to have a clear indication as to which side of the topic the writer supports and he or she should not have to wait to discover such information in the final lines of the summing-up. (See Model Essay on pages 61–65.)

As will be seen in the essay on page 61, the 'parallel argument' format is most acceptable when competently handled, but it is perhaps something to aim at by way of variety, once one has acquired considerable experience of essay writing in German.

The explanation-type essay

On page 65 there is an example of another method, which will be called the 'explanation-type' essay. Here the essayist is asked to account for a given situation and the previous two-sided approach is no longer suitable. In some respects such a composition is easier, in that the writer is not conscious of having to balance his arguments where possible, but it does mean, as has already been suggested, that he may have greater difficulty in finding a sufficiently large number of points to develop along the one line of his argument.

Besides obvious explanation topics like *Wie erklären Sie sich die Spannung zwischen den Generationen?*, there are other frequently encountered themes for which the writer will probably feel a one-sided approach is appropriate, such as the recounting of impressions of visits to German-speaking countries and favourite interests and pastimes. But, should he find himself short of points for discussion within such a topic, it is often possible to broaden the discussion into, for example, what he found to be similar and different in Austria, or the joys and frustrations of his love of opera.

The conclusion

Many otherwise well-written compositions lose their authors some credit in the very last lines, through a conclusion which is an almost verbatim repetition of the introduction. The tendency to reproduce the initial stages of the essay in the final paragraph can be countered in a variety of ways. If the writer can write the end without looking back at the beginning, this is often of help, though it is by no means fool-proof, since ideas from his introduction are likely to re-surface in the mind, when he comes to concentrate on the conclusion. If, however, he can select a specific style of closure, which is very different from the way he led into the main body, this will be of considerable assistance.

The final main point brings about a neat close. In this paragraph the writer ends on a high point by introducing (a) the most important point of all for consideration (b) a possible solution to a vexed problem or (c) something we would be well-advised not to forget and using formulae such as:

Die Frage ist nun die, ob ... der beste Weg dahin ist. Wäre es nicht besser ... ?

Anderseits darf man nicht vergessen, ...

The look-to-the-future looks beyond what has been written and persuades the reader to think of future possibilities:

Man blickt fasziniert auf die Chance ... zu tun.

Beträchtliche Schwierigkeiten bleiben noch zu klären.

Ein Ende ist nicht abzusehen.

Worauf es nun ankommt, ist ...

Wenn wir ... im Auge behalten, sollte es möglich sein ...

International implications   The writer concludes by asking his readership how what has just been discussed will affect other civilisations, nations, socio-economic groupings:

Jeder denkende Mensch, wo immer er lebt ...

Sind die großen Probleme der Zukunft nur gemeinsam zu bewältigen?

The quotation   An aptly chosen quotation will often give your closure the feel of official approval:

Demokratie, so sagte einmal ein englischer Schriftsteller, sei wie ein Floß in bewegter See. Es könne nicht untergehen aber man habe ständig nasse Füße.

Who can tell?   How much of a relief it can prove for the writer to opt out of the final judgement and leave the case open:

Wenn wir nur wüßten!

Die Sache schwebt noch und wird immer schweben!

The dramatic, ironic, or satirical comment   Like the last device, this is a means of opting out of a definite decision, but is perfectly valid, since so many essay questions pose insoluble problems. Such a closure, like the two above does, if used properly, show that the writer has a degree of wit:

Alles ist Kismet!

Hinter den Tüllgardinen regt es sich.

In Krisenzeiten trinken wir gelassen unseren Tee!

Common Faults

Attention to structure along the lines suggested in this chapter will help the writer to plan and develop an essay which is logical and interesting, but there are other pitfalls to be avoided, if he wishes to write something which will retain his readers' attention and obtain their approval. Below is a brief list of common faults which will detract from the effectiveness of the presentation and lose marks.

Digression   Length is an encouragement to digression. If you have found three or four main points for each side of an argument, stick to them. To test whether you are wandering, look back at your title each time you introduce a new paragraph or illustration. Ask yourself: 'Is what I am writing relevant to the title?' If it is not, either omit it, or find some means of relating it specifically to your topic.

Loss of thread   This is related to and is often a consequence of digression. It occurs frequently when the paragraph becomes too long. As a rule of thumb, keep to a minimum the number of paragraphs over two-thirds of a page in length. If you realise you have lost your thread, do not be afraid to cross out irrelevant material and continue from the last point where you were recognisably on theme.

Counter-writing This often occurs in over-involved writing. Check through your paragraph to ensure you have not just contradicted yourself. Once again, relatively short, crisp paragraphing will help to obviate this defect.

Story-telling A language essay which devolves into narrative when discussion and rational argument are called for will not score you much credit. Unless you are specifically asked to tell the story of something, do not do it!

Padding is something with which we are all familiar and is often the understandable human reaction of a student obliged to comply with a minimum-length regulation. It is nonetheless best avoided. A short essay that is relevant will score more marks than one so full of cotton-wool that it is immediately evident to the most discerning reader, let alone your teacher or examiner. If you have an unintentional tendency to pad out your work, then, once again, shorter paragraphs will help.

Repetition is for most people an unconscious fault, since it is a result of the mind's natural tendency to reproduce language patterns that have just been used. Nevertheless, frequent repetition creates a bad impression, because the reader comes to feel (a) the writer is saying nothing new (b) his vocabulary must be very limited if there is so little variation. Beware of the sin of repetition while you are actually writing a paragraph and find synonyms for the lexis you see yourself repeating.

Above all, avoid excessive use of *haben*, *sein* and *machen* and use the vocabulary in the Appendices, plus your own discoveries to widen your choice of individual words.

Punctuation or the lack of it is not only something which shows how careful the writer is, it is something which can lose you many marks in your German essay. A comma before a relative clause is obligatory in German, so is a capital for the first letter of a noun. Similarly, *umläute* are not meant to be omitted, since, as we know, they change the sound of a vowel. All these are easy checks which you can make, to ensure that you avoid losing unnecessary marks. It would be a pity if excellent planning were let down by a few careless slips of the pen, which remained uncorrected.

Continuous Assessment or *Topic* Essays

Many of you will be following an Advanced syllabus containing continuous assessment essays (often called *Topic essays* or simply *Topics*). These compositions may well be an alternative to a final or modular written paper. There is a tendency for some candidates to see topics as a soft option, but centres preparing candidates for Advanced examinations are well aware of the implications of continuous assessment work. It is crucial for you to realise that this way of writing is anything but an easy way out.

True, continuous assessment may remove the necessity to sit one final essay paper, often on an unseen theme, on which everything seems to depend. Yet, precisely because the conditions under which you write your topic essays are less demanding, exam consortia look for somewhat different things than if you were in an exam room with only your thoughts and a dictionary from which to fill your paper. Below is a list of the main points to bear in mind.

Continuous assessment essays may:

1   have their marks weighted, increasing in value from first to last essay.
2   draw extensively on source materials for general or more specific information, ideas and opinions.
3   tempt you into plagiarism as a consequence of point 2.
4   mature over several months, if you have been able to decide on your broad theme well in advance.

5 often be significantly longer than final exam essays.

6 be closely linked to a personal visit to a German-speaking country.

7 be an extension or a summary of the work done in a course module.

8 differ somewhat from a final essay in the kind and/or level of language you use.

Let us now examine each of these points in greater depth.

1 Mark-weighting

It is common practice for a series of continuous assessment essays to be weighted approximately 1:2:3, the intention being for them to be completed during terms 2/3, 3/4 and 4/5 of your Advanced course. Linked to this weighting will be a gradually increased length requirement, so that you may be expected to write, say, 800, 1,200 and 1,500 words. This will have implications for your choice of topics.

Candidates having three or four essays to write will usually be able to place the topics in some sort of rank order, according to their confidence in the material, knowledge of the theme, etc. As a general rule, unless you are only able to deal with a particular theme at a set time, it makes sense to tackle your essays in rising order of strength, i.e. start with what you think will be your weakest topic and work up to what you feel to be your strongest.

This is a particularly effective strategy, since, if your feeling about your command over the various themes is right, and you will usually be the best judge, you will be allocating your weakest topic to the section of your work where the fewest marks are available and your best one to be highest scoring section. In so doing, you will go a long way towards maximising your marks.

A point worth noting for those of you who are inclined to worry perhaps overmuch about your work; try not to let the importance of your first assignment get out of proportion in your mind. It may be worth something like one-sixth of the marks available for a total of three essays. Additionally, examiners will not judge you harshly on the significance of your first essay.

2   The use of source materials

Advanced Boards require you to state that your topic essays are all your own work. There is an obvious and a good reason for this precaution, since, with any kind of assignment essay, there may always be the temptation to lift, to copy extensively from the source materials you have used. This is a temptation to be strenuously avoided. At a practical level, the borrowed material is likely to stick out like the proverbial sore thumb against your own, more sixth-form German and thus incriminate you. Such cheating in just one exam paper, if discovered, may well invalidate all your work for all subjects with your particular Board. It is simply not worth the risk.

At a more altruistic level, your own personal German is unlikely to improve if you rely on wholesale plagiarism and you will obtain no real sense of achievement from your work, so that you may be actively undermining your own future without realising it.

However, source material can be adapted in a constructive and creative manner. The sensible, consistent use of sources such as books, periodicals, pictures, computer print-outs, radio and TV transcriptions, will enrich and help give a balance to what you write. Additionally, it will often fulfil the useful function of helping you to structure your topic, since printed source materials normally have very clear themes and structures of their own, which you may adapt perfectly honourably to your own purpose. You will of course have to acknowledge your use of the source in the bibliography you provide with your completed essay.

3   Avoiding plagiarism

Let us look at two examples of a plagiaristic approach in which the lifted material has been reproduced in heavy type.

A

Die Deutschen haben für alles ein Klischeebild: Polizisten haben so, Fotomodelle so, Büroangestellte so zu sein, beispielsweise. Und wenn jemand etwas aus dem Rahmen fällt, ist man total entgeistert. Ich bin bis zum 16. Lebensjahr in Schweden aufgewachsen, und da werden Frauen und auch Männer nicht gleich so abgestempelt.

This imaginary candidate has read the above extract, which is typical of what may be found in any number of magazine interviews, and has incorporated the material more or less verbatim into an essay entitled *Wie Ausländer die Deutschen sehen / Was ist denn 'echtdeutsch'*? He/she writes:

> Es scheint mir, **die Deutschen haben für alles ein Klischeebild und wenn jemand etwas aus dem Rahmen fällt, ist man total entgeistert.** Im Gegensatz werden Frauen und auch Männer in Schweden nicht so abgestempelt.

B

> **Die große Chance für unsere Umwelt**
> Alle Umweltprobleme wären mit einem Schlag gelöst; Wasser ist im Gegensatz zu Erdöl unerschöpflich. Bei der Verbrennung entsteht kein schädliches Kohlendioxid, sondern nur schlichter, reiner Wasserdampf und äußerst geringe Mengen Stickoxide.

> Wir können riesige Wasserkraftwerke haben. Dadurch **wären alle Umweltprobleme mit einem Schlag gelöst**, weil **Wasser im Gegensatz zu Erdöl unerschöpflich ist**. Wir wissen auch, daß **bei der Verbrennung kein schädliches Kohlendioxid entsteht, sondern nur reiner Wasserdampf und** sehr kleine **Mengen Stickoxide**.

Example **A** does at least have the merit that it is written in a personal enough style to have conceivably been written by the candidate, but it is nonetheless an act of literary theft which, if discovered and typical of the whole essay, would render the candidate likely to exclusion from the whole of the Advanced examination.

Example **B** is, if anything worse than **A**, in that the confident scientific language is clearly beyond the maturity level of this particular candidate and has obviously been lifted. It, therefore, proceeds to insult the intelligence of the reader as well as to invite examination suicide.

Both of these examples of plagiarism have something else in common. If the essays containing the example paragraphs were to be sent to the examining consortium's assessor without the teachers at the centre having spotted and noted down the plagiarism, the teachers would also find themselves in serious trouble. This is not something a teacher would deserve and is, in itself, sufficient reason to dissuade a candidate from stealing material.

And yet there is a way in which the material lifted by the two example candidates could have been used perfectly legitimately and to very good effect. Look at how some of the originally offending material has now been framed and acknowledged within the students' own writing:

A

In einem Magazingespräch erklärt Constanze, eine schwedisch-deutsche Frau, ihre Einsichten über die Deutschen, insbesondere den deutschen Drang alles und alle zu klassifizieren und die Weise worauf man total entgeistert wird, sooft jemand etwas aus dem Rahmen fällt. Für Constanze werden die Schweden überhaupt nicht so abgestempelt.

B

Reate Etzler und Egbert Schmidt vermitteln eine optimistische Ansicht mit positiven Vorschlägen, wodurch wir unsere Umwelt schonen können. Sie vertreten den Aufbau von riesigen Wasserkraftwerken und erklären, wie Wasser im Gegensatz zu Erdöl unerschöpflich **wäre**. Sie behaupten auch, daß bei der Verbrennung von Wasser kein schädliches Kohlendioxid **entstehe**.

Bibliography
'Die Große Chance für unsere Umwelt'—Beate Etzler / Egbert Schmidt, **Brigitte**, p. 156, 20/97

4   A long maturation process

Not infrequently, essay projects which are nurtured over quite a few months turn out to be amongst the most interesting, since it is often possible to see a clear progression within them.

Such projects tend to centre on material relating to visits to the target country and the resulting essay may split naturally into sections on:

1   a pre-visit, setting the themes.
2   what occurs during the actual visit(s).
3   a post-visit analysis of what has occurred or been learnt.

There are other themes, such as *der deutsche Film/die Wirtschaft/Umweltschutz*, which, because of the broad scope they offer, may be started early during your course and added to as you go along. A long maturing process can prove to be a considerable advantage when it comes to writing your topic essay, since it allows you to think through and develop a project over several terms. However, given the course pressures which exist, you may find it all too easy to concentrate on other, more pressing aspects of your studies. As a result, you may fall into the trap of leaving the research and the writing-up of a topic until close to or right on your deadline. Some Boards try to help you avoid this trap by providing documentation requiring you to note with your teachers the times at which specific stages of the topic work have been accomplished. If your Board does not follow such a procedure, it may be helpful to ask your teachers to provide you with a set of mini-deadlines, to keep you to task and time.

5   The length of topic essays

Topic essays are almost always required to be significantly longer than their final exam equivalents. Continuous assessment tests different skills from those required in the exam room, not the least of which is the ability to use relevant resources to develop your ideas on a theme over a reasonable period of time.

The relatively long word count which you will be given to allow you to put across your ideas should be used wisely, since it can easily be wasted. The following list of DOs and DON'Ts will help you use the length most effectively.

DON'T fall into the trap of . . .
. . . starting with too few themes and sub-themes.
. . . seeing the essay only in terms of its length.
. . . counting the length as you go, paragraph by paragraph.
. . . padding out ideas in order to make the length.
. . . copying large slabs of verbatim quotation.
. . . dealing at length with side-issues.
. . . tailing-off as you begin to reach your word target.

DO . . .
. . . plan how to relate your themes to the length.
. . . use your space wisely, to provide a balanced argument.
. . . use (short) quotes sparingly.
. . . refer to other people's opinions.
. . . consider using questionnaires and personal interview material.
. . . leave enough room to end on a high note.
. . . bring your essay to a natural close.

6 Linking your topic to a visit to a German-speaking country

Using a visit to a German-speaking country as a basis or as a means of illustrating your topic is one of the best approaches you can choose. It shows:

1 genuine interest in the language, people and country.
2 commitment (you have made the effort to visit the country).
3 common sense! You can find a wealth of supportive materials during your visit(s).

There are many fairly obvious ways in which topic and visit can be related. The visit lends itself particularly to themes which are:

(a) geographical – the study of a town, region, etc. See Chapter 7.
(b) sociological – particularly a comparison between situations in the target country and your own.

(c) cultural – you will find relevant materials to be far more readily available in the area visited than at your home base.

You can use very straightforward strategies to allow you to link your visit successfully to virtually any topic. The trick is to use the one excellent resource that is always on tap when you are abroad – the people! By encouraging German-speakers in the area(s) you visit to agree to a short, taped interview and/or to write down their views on, say, a literary figure/politician/musician/ local personality/current event/local problem/new venture/inter- national issue/historical legacy/sporting controversy, you expand vastly the scope of your topic essay and demonstrate a considerable degree of initiative on your part.

When you are planning such interview work, try to take a different slant on your topic from other members of your teaching group. When examiners come to assess the work of individuals within an examination centre, there is often the impression of a lack of spontaneity across the whole group of candidates. This is largely caused by most candidates choosing not only identical topics, but also identical aspects of those topics. In these instances, the examiner is likely to feel unable to reward individuals very highly for *individual* content and ideas.

On the other hand, German-speakers who have no direct connection with your school or college and who are interviewed on their home territory, are likely to have a fairly independent slant on whatever theme you wish them to discuss. Often, they will provide a personal view or involvement, which may be quite unusual. Seize on such material with alacrity; it is manna from Heaven! It will give you the chance to look at the topic from an unusual viewpoint and you will obtain credit for having had the wit to seek out unusual, more colourful individuals with whom to discuss your theme.

7   Essays on course modules

If you are following a purely modular course in which you have to study, say, five or six modules over two years, you are likely to be faced with the pressures of planning, developing and producing essays over a relatively limited period of time in order to meet your module deadlines. If you follow the suggestions below reasonably conscientiously, you should be able to build up files of material in advance of the actual module period. This will allow you to make general plans relating to your early ideas for topic essays, which will prove invaluable and will help you not to panic. Try to:

1   look out for relevant materials well in advance of the module, via the press, radio, television, literature, the arts and German-speaking people of your acquaintance.
2   ask your teacher(s) what materials they would recommend you to look for in advance.
3   use your German Assistent(in) and any other germanophones you may know to help you talk round the issues. Some of these people may be prepared to be interviewed on the topic. A chance remark by one of them may give you a completely new slant on your theme.

8   The language used in coursework essays

The language used in essays written in open, non-examination conditions is expected to be of a somewhat higher level than that produced in a closed exam. Coursework can and should be mulled over and all manner of reference books may be used. Candidates have time in which to change their minds, their lines of thought, to look for better ways of expressing ideas, etc. This means that, for equivalent grades, a more advanced, tighter German is expected of you when you produce an essay as an item of coursework than would be expected in the exam room.

Of course, you will find all sorts of language which suits your theme in the press, radio and other sources you use. Do not be afraid to borrow expressions along the lines suggested on pages 35–37, but avoid copying whole sentences and ideas.

5 Background or *Geography* Essays

Beschreiben Sie die Vorteile einer Stadt oder Gegend im deutschen
Sprachraum, die Sie kennen.
ODER
Warum sollte man Ihre Partnerstadt besuchen?

Such essay titles as these seem on the surface to be a ready source of high marks, since they look so easy. But, in their apparent easiness lies a snare for the unwary. Why should this be so? The questions look so undemanding that candidates may easily be lulled into one of several traps. They may find themselves:

1   providing a potted guided tour.
2   relating a series of trite personal anecdotes.
3   sounding like a guide book.
4   writing almost exclusively in the present tense.
5   providing an essay which is very basic in tone.

With so many possible disadvantages, why do the examining consortia continue to set this type of background essay? They do it for two manifest reasons. Firstly, they try to ensure that there is at least one question on the paper which less academically-minded candidates will feel they can tackle, especially as so many Advanced students will have visited the target country and will be able to write from personal experience.

Secondly, the consortia hope to encourage those enterprising candidates who used their visits to a German-speaking country to widen their horizons, to look beyond the cafes, bierkeller, old buildings and beautiful scenery to discover *das echte Deutschland/Österreich*, etc. When we look at the above rationale, we should not be surprised to discover that candidates tend to perform either very well or very poorly with the background/geography essay.

So that you may avoid the traps referred to above, all of which lead to poor writing, let us look at a series of very moderate approaches, accompanied each time by a piece of work from a more committed candidate.

1   The potted guided tour

A

Ich war in der Lüneburger Heide. Es war ein Schulaustausch mit Soltau. Die Lüneburger Heide liegt zwischen Hamburg und Hannover und es gibt viele Touristen. Die Heide ist ein beliebtes Feriengebiet für Deutsche. Wir haben den 20 000 Hektar großen Naturpark und den Wilseder Berg besucht und auch die bedeutendsten Städte Lüneburg, Celle und natürlich Soltau. Die mittelalterlichen Häuser gefielen mir und es schien wie England mit all diesem Holz und Pflaster.

B

Während meines Schulaustausches in der Lüneburger Heide habe ich viel erlernt. Man hatte mir im voraus gesagt, die Heide sei ein beliebtes, romantisches Feriengebiet für Deutsche aber niemand hatte mir erklärt, wie beim Zerfallen der Industrie-gesellschaft, die Einwohnern immer mehr von der Touristik abhängig geworden sind. Ich habe herausgefunden, wie zum Beispiel die kleinen Gemeinden in der Sprotze-Salzhausener Gegend sich zusammengeschlossen haben, um die Arbeitsgemeinschaft ‚Romantische Heide' zu gründen. Davon leben jetzt hunderte von Menschen die sonst keine Arbeit haben würden.

The difference in approach between candidates **A** and **B** is both wide and obvious. Candidate **A** ambles along, as if writing a chatty, uninformative and rather dull letter to a friend. The level of thought and language is quite within the reach of a good candidate at Key Stage 4 of the National Curriculum.

However, Candidate **B** has clearly thought about the same region in some depth and looked at what is happening to it with a degree of analysis and a critical eye. Candidate **A** would score moderately on language content and poorly on ideas, whereas Candidate **B** would score highly for both language and ideas.

2   Trite personal anecdotes

C

Am frühen Morgen gibt es viele Angler am See. Wir haben einen alten Österreicher da gefunden und eines abends erzählte er uns seine Lebensgeschichte am Lagerfeuer beim Tanzabend, wo es viel Musik, Tanz und Speckbraten gab! Es war sehr interessant. Der Herr sprach vom Zweiten Weltkrieg. Er hieß Leutnant Schwingeler und war bei dem Militär an der Ostfront. Er war siebzig Jahre alt und sprach über Österreich und Deutschland. Ich würde gern wieder nach diesem österreichischen See fahren!

D

Wegen meines Aufenthaltes an diesem See verstehe ich die Österreicher jetzt viel besser. Besonders imponierend für mich war ein alter Leutnant aus der Ostfront, der uns erzählt hat, wie die Leute der einen und der anderen Seite, Bürger und Soldaten, durch den Krieg und einen fast totalen Mangel an Nahrung, warmer

Kleidung und üblichem menschlichem Kontakt gelitten haben. Auch habe ich vom ehemaligen Leutnant gelernt, wie es fast zehn Jahre nach dem Krieg dauerte, bis Österreich wieder seine Unabhängigkeit hatte.

Example **D**, while by no means an ambitious, in-depth analysis, reveals a candidate from the same school exchange party as **C**, and who was prepared to provide more thoughtful, pertinent detail and to use his meeting with the old soldier to provide at least some insight into an important aspect of the Austrian past. The reader feels that the candidate has made active efforts to learn from his visit to the Austrian lakes and to avoid the trap of simply re-telling the surface events of an encounter. Once again, Candidate **D** scores much more highly than **C** for both language and content.

3   Sounding like a guide book

The last writer managed to avoid the guide book trap by giving his prose a personal feel, through developing his meeting with the old soldier and recounting an individual's perception of his country's past. However, examiners frequently encounter passages along the following lines which could have been taken directly from a travel article.

E

Am Arlberg kommen Anfang Dezember die ersten Skifreaks. Dank schneesicherer und baumfreier Hochlage erstrahlen die Berge und Dörfer im Grenzgebiet von Vorarlberg und Tirol bis Ende April im blendenden Weiß. Diese Gegend ist ohne weiteres ein Schickeriatreff, wo europäischer Hochadel im Sessellift sitzt und die englischen, holländischen und jordanischen Königsfamilien Stammgäste sind. Hier findet der Wintersportler alles.

This passage has clearly been lifted in its entirety from a travel article. It would have been best left there, and not just for reasons of plagiarism. All it does is to present in travelese certain geographical and socio-geographical details. There is no personal comment or interpretation by the writer, who could even be deemed to be insulting the intelligence of the reader.

A student who had really been to the Arlberg gave a personal, perceptive and quite politicised slant on the same themes.

F

Am Arlberg wie in den meisten Alpenregionen habe ich bemerkt, wie die Einwohner vom Tourismus leben. Die traditionellen Industrien, wie Tierzucht und Getreideanbau sterben langsam. Während meines Besuches habe ich mit einigen Einwohnern gesprochen, die mir erklärt haben, wie ihre Heimat zu einer Gegend für die reichsten Wintersportler geworden sei. In Zürs und Lech zum Beispiel sieht man überall Hallenbäder, Saunen, Solarien, Tennis-Squashhallen und die üblichen Traumpisten. Alles ist zu teuer für die Einsässigen. Die Edeltouristik bringt ihr tägliches Brot aber die Annehmlichkeiten in ihrem Heimatsland können sie selbst sich nicht leisten.

Example **F** shows how the student has talked with local people and found out for himself their reactions to the situation described superficially by **E**. He has used his own words and produced some thought-provoking material for which he is to be congratulated.

4 Present tense writing

When we write an essay on a town or regional theme, there is often a temptation to express everything in terms of present time. Writing almost exclusively in the present tense is a perfectly valid exercise, but it is to be avoided in an Advanced essay. An exam composition couched exclusively in the here and now can be self-defeating, since it tends to produce a limited range of language.

Why should this be so? Why should candidates writing correct German in the present tense have disadvantaged themselves? When we think about it, the answer is fairly self-evident. To score highly for language and thought content, candidates are expected to vary their language, acting as a vehicle for insightful observations, pertinent comparisons, often with past situations or events, suggestions for future action, etc. To do this we have to be able to manipulate a variety of tenses, since it is precisely the perfect, imperfect, future, conditional, etc., which allow us to roam in our thoughts between the here and now and past or future occurrences and states of affairs. Additionally, a lack of tense variety provides a prose which is flat, often to the point of tediousness. On a practical level, the examiner cannot mark-up a candidate's work either for language manipulation or for suppleness and development of ideas.

Let us take a look at a typical, present tense example. The name of the town has been changed to avoid causing its inhabitants understandable offence. This is followed by a re-working of the material, showing how it could have been widened significantly in its scope.

G

Nirgendsstadt liegt im ehemaligen Ostdeutschland. Die Stadt ist arm und die Leute sind arm. Die Straßen sind grau und farblos und die Leute sitzen vor den Stammcafés und tun nichts. Es gibt viel Arbeitslosigkeit. Es gibt nicht viele Autos, sie kosten zuviel! Die Fabriken zerfallen aber das Klima ist sonnig im Sommer und die Leute schwimmen gern im Freibad. Ich schwimme auch gern und habe viel Zeit im Freibad verbracht.

H

Bei meiner Ankunft in Nirgendsstadt habe ich mein blaues Wunder erlebt! Ich sollte einen Schulaustausch da machen und ich habe sofort herausgefunden, wie arm die Stadt und die Leute waren. Das wurde mir allmählich sehr peinlich, weil die Einwohner soviel für mich getan haben. Kein Wunder, daß die Leute vor den Stammcafés sitzen, wenn es keine Arbeit gibt. Sie haben mir die

Frage gestellt, und das ist jetzt eine übliche Frage in der ehemaligen DDR, welches für mich besser wäre, mit Arbeit und beschränkten Menschenrechten zu leben oder mit allen Freiheiten ausgenommen die garantierte Arbeit zu fungieren? Ich habe lange darübernachgedacht, ohne eine vollkommene Antwort zu finden. Für mich ist diese Frage Deutschlands Hauptproblem.

Notice how student **H**'s competent use of the perfect, imperfect and a straightforward subjunctive allows him to avoid providing a superficial view of his *Partnerstadt*. We learn much more from **H** than **G**, though the basic facts are the same. We are also impressed by **H**'s concern for other people and by his ability to go below the surface of a situation.

5   A very basic tone

Example **G** may well have grated on you or alternatively made you yawn, because of its lack of both tone and content. Yet, it is typical of a certain kind of rudimentary composition frequently offered up to examiners, combining as it does, all the faults we have looked at over the previous few pages.

We know that examiners hope to read material containing a mixture of good, reasonably lively German and appropriate ideas. But the plain fact of the matter is that when markers receive work like example **G**, looking as if it could well have been written by a GCSE candidate, then a GCSE level is the sort of score its writer can expect to obtain. An Advanced course is intended to take students one or two years beyond GCSE. This in no way denigrates or belittles the excellent system of Key Stage 4 attainment and assessment. It is simply a question of appropriateness. A good test when you are producing a background essay on a geographic theme is to ask yourself, *Could I have written almost exactly this at GCSE?* If the answer is *yes*, then you know that your language and content need significantly more work on them.

6

Model Essays

The model or specimen essays in this chapter aim to provide a base from which the student may develop his own essay style and content over a wide variety of topics. They have been graded and divided into sections. The early models in **Section A** offer complete examples of how frequently encountered themes might be tackled, and aim at presenting the material in a style that is readily adaptable. It is suggested you read through this section using Appendices A and B to help you where you are uncertain of the precise meaning of the German and noting (a) the way in which the material is developed, and (b) the ideas and *Redewendungen* that suit your own personality and style.

Section B presents two model essays by students, and provides a commentary on each essay.

Section C provides you with only the introductory and concluding paragraphs of the essay topic and you are requested to write the main body of the essay, using these paragraphs as your foundation.

Section D challenges you to write paragraphs for selected titles with no help except the phraseology and vocabulary contained in the Appendices.

Section A   Complete Model Essays

1   Ein älterer Bruder von Ihnen ist im Ausland tätig. Sie hören lange nichts von ihm, dann erhalten Sie einen Brief mit interessanten Nachrichten. Schreiben Sie diesen Brief.

Gesellschaft	*Kultur*
1 Wohlstand	4 Theater
2 Neue Wohnung	5 Fernsehen
3 Einladungen	6 Humor

Lieber Peter,

Intro.   sicher hast Du* Dich gewundert, daß Du so lange nichts von mir gehört hast. Du wirst es verstehen, wenn ich Dir erzähle, was sich in den vergangenen vier Wochen alles ereignet hat.

1   In meinen ersten Eindrücken hatte ich sicher schon erwähnt, wie wohlhabend hier alles wirkt. Davon bin ich noch immer beeindruckt. Alles sieht ordentlich aus, sogar die Jeans der jungen Leute sind anders als bei uns. Das würde Dir vielleicht nicht gefallen.

2   Vor zwei Wochen habe ich endlich die Mietwohnung bezogen. Es gibt hier viel mehr Wohnblocks als bei uns, vor allem sind viele von diesen Wohnungen sehr teuer. Die meinige ist nur klein, für mich aber günstig gelegen, da ich in zehn Minuten ins Büro gehen kann.

3   Ich habe auch neue Bekanntschaften gemacht. Letzten Sonntag war ich abends zum Essen eingeladen. Es ist etwas förmlicher als bei uns, aber der Abend war trotzdem sehr gemütlich.

4   Inzwischen war ich auch schon zweimal im Theater. Das Bühnenbild im Stadttheater ist viel moderner als wir es gewöhnt sind. Auch die Kostüme sind stilisiert und nicht sehr farbenfreudig.

5   Das Fernsehen ist recht unterschiedlich von unserem. Politik

*(*Capital 'D' optional in letter format.)*

6 steht mehr im Vordergrund; fast jeden Abend kann man Reden oder Debatten hören. Es gibt auch nicht viele leichte Unterhaltungssendungen. Am meisten wunderte ich mich, als ich eine ‚Komödien'-Sendung anstellte. Dies war politische Satire, wie man sie bei uns fast nie zu sehen bekommt. Der deutsche Sinn für Humor ist doch wohl sehr anders als der englische.

Concl. Je länger ich hier bin, umsomehr bemerke ich die Unterschiede. Vieles gefällt mir besser, manches weniger gut, aber ich bin froh, hier zu sein. Vor allem ist der Aufenthalt interessant und abwechslungsreich. Bis zum nächsten Brief sende ich Dir die herzlichsten Grüße,

Dein
Keith

2 ‚Meine erste Flugreise'

Seit Wochen habe ich von dieser Reise geträumt. Zuerst wurden Pläne geschmiedet, dann Prospekte besorgt und studiert, Reiseziele ausgewählt und wieder verworfen und schließlich besiegelte die Bestellung im Reisebüro dieses lange Planen. Ich dachte auch weiterhin an sonnige Tage, laue Abende und durchtanzte Nächte, aber nie hatte ich auch nur einen Gedanken an die Anreise verschwendet.

Die Fahrt zum Flugplatz mit dem neuen, extraleichten Koffer war noch anregend. Die ersten Zweifel kamen mir beim Durchschreiten der automatischen Glastüren. Nur wenig später wurde mir der Koffer abgenommen, aber ich fühlte mich nicht erleichtert sondern eher schutzlos und verlassen. Auch hatte ich jetzt Zeit, mich umzuschauen. Die meisten Fluggäste standen oder saßen herum und wirkten äußerst gelassen. Mein Magen krampfte sich zusammen als auf dem Asphalt eine Maschine startete und mit hohem Ton weitersurrte – mir war als ob ich auf eine Zahnbehandlung wartete.

‚Du mußt dich zusammennehmen, denk an etwas Anderes. Dort drüben – die beiden jungen Männer – ob sie auch nach Majorka fliegen?' Selbst diese Möglichkeit konnte mich jetzt nicht ermuntern. Doch verging beim Betrachten der anderen Passagiere die Zeit und nur allzuschnell wurde unser Flug ausgerufen. Karten abgeben, Handtasche öffnen; Polizei, Flugpersonal – jeder schob uns weiter, es gab kein Entrinnen aus dem gläsernen Korridor, der uns in Richtung auf die Maschine steuerte. Dann die hohe Treppe zum Eingang, noch ein letzter tiefer Atemzug und ich duckte mich beim Betreten der eng wirkenden Maschine. Ich hörte die Begrüßungsworte der Stewardeß kaum. Jetzt im Flugzeug wirkten einige meiner Mitreisenden auch nervös. Haltegürtel wurden ein- und ausgeknipst, Rettungsjacken gesucht, betrachtet und wieder verstaut, einige Zigaretten wurden angezündet und bald wieder ausgedrückt, als das Lichtsignal dazu ermahnte. Als nun unsere Maschine aufheulte, konnte ich mich nur ruhig geben, indem ich die Augen schloß und mich tief in den Sessel drückte. Ich merkte kaum, daß der eigentliche Moment des Abfluges gekommen war. Eine Kinderstimme ließ sich über dem ohrenbetäubenden Lärm hören: ,Mammi, Mammi, wie klein die Autos sind. Ist das wirklich unsere Stadt?'

Das Dröhnen wurde zu einem Brummen, die Maschine wurde ruhiger und ich fühlte mich nicht mehr wie eine Möwe, die wie irr im Himmel auf- und absteigt. Ich hörte allgemeines Gemurmel und dann riß die Stimme des Piloten mich aus meinem tranceähnlichen Zustand. Erst jetzt wagte ich, die Augen zu öffnen. Welch ein Anblick bot sich mir dar! Strahlend blauer Himmel und tief unter uns ein weiches, weißes Wolkenbett. Ich traute kaum meinen Augen, denn am Flugplatz war es trübe und unfreundlich gewesen. Ich hatte dies zwar schon alles gehört, aber keine Beschreibung hatte mir dieses berauschende Gefühl von Höhe und Schönheit vermitteln können. Meine Angst war mit einem Mal verschwunden und ich blickte fasziniert aus dem Fenster.

Bald klapperte der Teewagen den Gang hinunter, Tassen klirrten, Tee und Kaffee dufteten verlockend und brachten mich wieder zu mir selbst zurück. Nur wenig später hatte sich alles eingespielt – wir hätten in einem Bus sitzen können. Meine Aufregung war völlig verschwunden und ich konnte mich den neuen und interessanten Vorgängen im Flugzeug widmen.

Die drei Stunden vergingen fast zu rasch und als wir zur Landung ansetzten, war ich zur abgebrühten Reisenden geworden, sah aus dem Fenster, wechselte einige belanglose Worte mit meinem Nachbarn und sah den Ferien erwartungsvoll entgegen.

Dies alles war vor zwölf Tagen und letzte Nacht durchlebte ich die Stunden noch einmal im Traum. Wie mag es mir morgen ergehen, werde ich meine Haltung bewahren können und sorglos mit den beiden jungen Männern plaudern, ohne daß sie mir meine Nervosität anmerken? Aber natürlich – es ist doch schließlich nicht mein erster Flug!

3 Mein Motorrad – mein Hobby

Die Maschine an sich	*Das Fahren*
1 Basteln – montieren	3 Unabhängigkeit
2 Maschine verstehen	4 Geschwindigkeit
lernen	5 Die Gruppe

Intro. Mein Motorrad ist mein Hobby. Seit einem Jahr habe ich dafür gespart, seit drei Monaten steht es in der Garage und ich bastele fast täglich daran, um es straßentauglich zu machen. Seit zwei Wochen ist es fertig und heute bin ich siebzehn Jahre alt geworden und kann damit fahren. Nun wird es mehr ein Hobby sein als je zuvor.

1 Schon immer habe ich gern gebastelt, aber Meccanobauten, auch wenn sie noch so gut funktionieren, müssen schließlich

2 wieder auseinandergenommen werden. Als ich mein altes Motorrad kaufte, hatte ich nicht viel Ahnung von Motoren und Maschinen, mußte also mühsam lernen. Zwar mache ich noch oft Fehler; wenn ich sie aber selber finden und korrigieren kann, empfinde ich tiefe Befriedigung. Drei Monate habe ich gebraucht, um das Rad in Ordnung zu bringen, aber jetzt ist es fertig und meine Arbeit hat einen Sinn gehabt. Es war keine Spielerei.

3 Nun freue ich mich auf die Dinge, die ich mir vom Besitz eines Motorrades verspreche. Es gibt mir Unabhängigkeit von öffentlichen Verkehrsmitteln und für verhältnismäßig geringe Unkosten kann ich abgelegene Orte leicht erreichen. Wenn ich meinen Führerschein gemacht habe, kann ich sogar einen Freund als Passagier befördern.

4 Ich freue mich darauf, Geschwindigkeit wirklich zu fühlen. In einem Auto ist man isoliert, während man auf dem

Motorrad den Gegenwind am Körper spürt. Man sieht die Straße unter seinen Füßen vorbeisausen und muß mit dem ganzen Körper auf die Kurven reagieren.

5   Die Freiheit, wählen zu können erhoffe ich mir von dem Rad. Ich kann alleine wegfahren, entkommen. Andererseits kann ich mit mehreren Freunden zusammen die Gegend durchstreifen. Wir können Gemeinsames erleben, wir können uns aber auch aneinander messen.

Concl.   Das Motorrad ist für mich ein ideales Hobby. Es befriedigt meine Bastellust, den Wunsch mit der Mechanik vertraut zu werden. Es gibt mir aber auch Unabhängigkeit, Freiheit und die Möglichkeit zu gemeinsamem Erleben. Ob zu Hause oder unterwegs, das Rad nimmt meine ganze Freizeit in Anspruch.

4   Warum ich gern ins Theater gehe

1 Theaterstücke – Lesen und Sehen	4 Entspannung
2 Unmittelbarer als ein Film	5 Atmosphäre
3 Phantasiewelt	6 Treffpunkt

Intro. Dieser Titel ist für mich nicht nur eine theoretische Angelegenheit, denn ich gehe wirklich gern ins Theater. Dafür gibt es etliche Gründe, die meisten davon sind aber nicht akademischer Art. Zwar könnte ich hochtrabende Motive anführen, aber ich möchte hier lieber meine wirkliche Meinung aufzeichnen.

1   Zum ersten – obwohl ich viel und gerne lese, macht es mir keinerlei Vergnügen, mich mit Theaterstücken abzuplagen. Ein Roman ist für mich geschrieben, ein Stück aber für den Produzenten und die Schauspieler. Es ist dann ihre Aufgabe, Begeisterung, Trauer oder Heiterkeit in mir zu erwecken.

2   Gerade darum gehe ich ja ins Theater. Die Szene ist nicht so echt wie im Film, vieles bleibt meiner Einbildungskraft überlassen, aber es sind wirkliche Menschen, die sich dort oben gegenüberstehen und mir ein Gefühl von Mitleid oder Freude einflößen.

3   Das tägliche Leben ist oft so eintönig und wenn die vielen Pflichten mich gar zu sehr deprimieren, entfliehe ich gern in

4   die Phantasiewelt des Theaters. Selbst wenn das Stück von meinen eigenen Problemen handelt, lohnt sich der Besuch. Mir wird eine andere Seite gezeigt und oft sehe ich dann, wie lächerlich das Ganze ist. So finde ich Entspannung und Abwechslung, die mir neuen Antrieb für den nächsten Tag geben.

5   Ich liebe auch die Atmosphäre des Theaters. Das leise Gemurmel der wartenden Zuschauer, das Bimmeln der ersten Glocke und die erwartungsvolle Stille ehe der Vorhang sich hebt. Für einige Stunden ist man in einer anderen Welt.

6   In der Pause treffe ich oft Bekannte und die Atmosphäre des Theaters bewirkt es, daß wir uns anders unterhalten als sonst. Vielleicht sind wir alle überaus heiter aus dem zweiten Akt gekommen, oder wir reden über phantastische, unmögliche Dinge, die uns sonst nie eingefallen wären.

Concl.   Wie man sieht – es gibt viele Gründe, ins Theater zu gehen und dabei habe ich Shakespeare und Literaturprüfungen noch nicht einmal erwähnt!

5   Was sind Ihrer Meinung nach die Vorteile des Landlebens gegenüber dem Stadtleben – oder umgekehrt?

Land	*Stadt*
1 Fabriken, Arbeit	6 Ruhe
2 Verkehrsmittel	7 Keine Gewalt
3 Viele Leute, nie einsam	8 Frische Luft
4 Tempo – keine Langeweile	9 Wandern, Erholung
5 Einrichtungen – Zeitvertreib	

Intro.   Die meisten Menschen können sich nicht aussuchen, wo sie wohnen wollen. Wenn man in der Stadt lebt, denkt man manchmal, es müßte doch angenehm sein, aufs Land zu ziehen. Welche Vorteile gibt es für Land oder Stadt?

1   In einer Stadt gibt es mehr Arbeitsstellen als auf dem Land. Viele Leute sind also gewissermaßen gezwungen, in Stadtnähe zu leben. Da so viele Menschen dicht beieinander

2   wohnen, gibt es mehr Verkehrsmittel als auf dem Lande. Man hat oft die Wahl zwischen mehreren Bussen oder es gibt sogar eine Bahn.

3   In der Stadt ist man nicht so leicht einsam. Überall sind viele Menschen und es gibt Vereine und Geselligkeiten, wo man

4 neue Freunde erwerben kann. – Alles geht schnell und so

5 entsteht selten Langeweile. Vor allem aber gibt es in der Stadt so viele Zerstreuungen, für jeden Geschmack etwas. Meist findet man mehrere Sportplätze und Schwimmbäder, man kann ins Theater oder Kino gehen, oder Konzerte und Diskotheken besuchen. So kann man immer Zeitvertreib finden.

6   Auf dem Lande ist alles ruhiger. Es gibt weniger Verkehr

7 auf den Straßen, keine Verschmutzung und auch weniger

8 Gewalttaten. Man kann frische Luft atmen, die Schönheit der

9 Natur bewundern und man hat Gelegenheit, zu wandern und sich zu erholen.

Concl.   Es gibt Vorteile für das Leben auf dem Lande, aber auch für das Stadtleben. Ich glaube, es hängt von der eigenen Persönlichkeit ab, ob man Ruhe oder Tempo bevorzugt. Auch könnte ich mir denken, daß viele junge Leute die Stadt vorziehen, aber später lieber auf dem Land leben würden. Für viele ist die Stadt angenehm und erträglich, weil sie wissen, daß sie in ihrer Freizeit aufs Land entfliehen können.

6 ‚Bereitet die Schule die Jugend genügend aufs Leben vor?'

Positiv	*Argumente*	*Negativ*
Mehrzahl	Lesen, Schreiben, Rechnen	Minderheit, Kritik aber für alle Begabungen
	Arbeitsvorbereitung	Nur für schwache Schüler
Einige	Verantwortung	Einige
Wenn Arbeit =	Akademische und	Nur praktische
Leben ist	praktische Betonung	Arbeitsvorbereitung, keine Lebens- vorbereitung
	Der gebildete Mensch	Prüfungen

Zur Beantwortung dieser Frage müssen wir verschiedene Gebiete betrachten und diese jeweils den Anforderungen des Einzelnen sowie denen der Gesellschaft gegenüberstellen. Im Rahmen dieses Aufsatzes ist es allerdings nicht möglich, tiefer auf die Bedeutung des Wortes ‚Leben' einzugehen.

Wohl jeder erwartet, in der Schule das Lesen, Schreiben und Rechnen zu erlernen. Zwar setzen Erziehungsfachleute ihre Ziele weit höher, aber viele würden schon die drei R's für ein annehmbares Ziel halten. Man sollte meinen, daß jedem Gesamtschüler nach elfjährigem Schulbesuch dieses Wissen vermittelt werden könnte, und doch hört man oft Klagen von Seiten der Arbeitgeber betreffs der ungenügenden Kenntnisse der neu Eingestellten. Die Rechtfertigungen der Lehrer und die Stimmen der Arbeitgeber sind statistisch bisher noch nicht voll erfaßt und ausgewertet, aber es hat den Anschein, daß schon Grund zur Klage vorhanden ist, wenngleich weniger schwerwiegend als manche Berichte zu zeigen versuchen. Andererseits sind Mängel nicht nur bei den schlechtesten Schülern festzustellen, sondern gute Mathematiker verstehen es oft nicht, sich fließend in ihrer Muttersprache auszudrücken, während sprachlich Begabte selbst elementare Mathematik vernachlässigen.

Warum konzentrieren wir uns derart auf diese Elementarkenntnisse? In den Augen vieler ist die Schule an erster Stelle weniger eine Vorbereitung aufs Leben als auf die Arbeit. Da dies ein untergeordnetes Ziel ist, sollte es zumindestens erfüllt werden. Es werden beständig Versuche gemacht, den Lernstoff für die Schüler interessant und bedeutungsvoll zu gestalten, und die Verbindungen zum Beruf zu zeigen. Doch haben diese neuen Kurse nicht immer den gewünschten Erfolg, zumal sie oft nur den schwächeren Schülern geboten werden.

Man lernt nicht nur Fakten in der Schule, sondern sollte auch zur Verantwortung in der Gesellschaft erzogen werden. Viele Schulen haben gute Systeme, die schon jungen Schülern, ungeachtet ihres Notenbildes, Verantwortung übertragen; andere Schulen jedoch vernachlässigen diesen wichtigen Teil der Ausbildung.

Im vorletzten Paragraphen wurde schon die Frage gezielter Kurse angeschnitten. Ist es die Aufgabe der Schule, schon früh Wahlfächer zu bieten und die Schüler auf diese Weise direkt auf eine Laufbahn vorzubereiten? Eine Teilung in akademische und nicht-akademische Fächer läuft dem Grundsatz der Gesamtschule zuwider. Zwar könnte man anführen, daß so eine bessere Vorbereitung auf die Arbeit erfolge, aber andererseits würden damit notwendigerweise erzieherische Ziele, eine Bildung als Lebensvorbereitung zu vermitteln, zu kurz kommen. Denn auch akademisch begabte Schüler werden häufig nur gedrillt, und nicht gebildet.

Soll die Schule nur auf die Arbeit, oder aufs gesamte Leben vorbereiten? Für viele ist die Schulzeit die einzige Gelegenheit, eine breitere Bildung zu erlangen und daher sollte diese Zeit nicht auf enggezieltes Lernen beschränkt werden. Viele Prüfungen in England zwingen den Lehrern diese Art Lernen auf, während andere weiterblickende Ziele haben.

Inwieweit bereitet die Schule den jungen Menschen also aufs Leben vor? Es scheint, daß viele Kurse noch ziemlich direkt auf einen Arbeitsplatz vorbereiten und dabei nicht einmal immer erfolgreich sind. Andererseits werden Versuche zu breiterer Bildung gemacht, aber Ziele sind nicht immer klar erkenntlich und durch die Beschränkung dieser Kurse auf bestimmte Gruppen sind sie schon von vornherein benachteiligt. Zusammenfassend würde ich also sagen, daß heute zwar viel über das hier behandelte Problem nachgedacht, geforscht und geschrieben wird, aber daß man bisher noch nicht die ideale Stellung erreicht hat, in der Lebensvorbereitung und Berufsvorbereitung sich für die Schüler verschiedener Begabung die Waage halten.

7A   Ist die Gesamtschule der beste Weg zur Chancengleichheit?

Plan   Einleitung
*   Kern*   Ideal der Chancengleichheit
                Durchführung
                Nachteile (Größe, Leistungszüge)
                Gegenmaßnahmen (Leistungsgruppen, Fürsorge)
*   Schluß*

Die Gesamtschule ist eine verhältnismäßig neue Erscheinung in der Erziehungsgeschichte. Im Laufe der Zeit wurden durch verschiedene private und später staatliche Maßnahmen immer mehr Kinder vom Schulsystem erfaßt. Nachdem Unterricht für Alle erreicht war, machte sich aber bemerkbar, daß längst nicht alle Kinder im gleichen Maße von der Schule profitieren. Aus dieser Erkenntnis entsprang der Begriff der Chancengleichheit, die anstrebt, jedem Kind, ungeachtet seiner häuslichen Verhältnisse, die für seine Bedürfnisse bestmögliche Erziehung zu vermitteln. Ein Versuch, dieses Ziel zu erreichen, ist die Gesamtschule und ich will mich bemühen, kurz zu erklären, auf welchem Gedankengang sie beruht, werde aber auch einige Nachteile, die sich häufig offenbaren, erwähnen, um am Schluß durch ein Abwägen die obige Frage beantworten zu können.

Die Notwendigkeit für eine Alternative zu dem früheren Dreiersystem: Volks-, Mittel- und Oberschule, oder, wie es heute oft heißt, Hauptschule, Realschule und Gymnasium, ergab sich aus der Erkenntnis, daß Kinder aus Arbeiterfamilien, die nach Testergebnissen von durchschnittlicher oder überdurchschnittlicher Begabung waren, häufig nur minderwertige Leistungen in der Schule vollbrachten. Der Rahmen dieses Aufsatzes erlaubt nur eine kurze Zusammenfassung der Gründe: Sprachgebrauch im Elternhaus, der abstraktes Denken nicht fördert; geringe Motivierung wenn Erfolg in der Schule von Eltern und Kindern für das spätere Leben als unwichtig angesehen werden; kein elterliches Vorbild für Lernen und Lesen; kein Lesestoff im Haus und unzureichende Arbeitsmöglichkeit im beengten Haushalt.

Aus diesen und anderen Gründen kommt also ein Arbeiterkind oft mit einer Benachteiligung zur Schule, die es überwinden muß, ehe es dem Kind aus bürgerlicher Familie nur gleichgestellt sein kann.

Das reformierte Schulsystem strebt eine Chancengleichheit an; dies will nicht heißen, daß alle Kinder bei Schulabgang das gleiche Leistungsbild zeigen sollen, sondern nur, daß jedem Kind die Möglichkeit geboten wird, aus seiner individuellen Begabung den größtmöglichen Nutzen zu ziehen.

Wie kann dieses Ideal verwirklicht werden? Die Gesamtschule, wie der Name besagt, faßt alle Kinder unter einem Dach zusammen, die Ausleseprüfung im elften Jahr wird also überflüssig. Dadurch wird zumindestens dem Spätentwickler eine bessere Möglichkeit geboten, nicht schon in jungen Jahren als ,nicht-akademisch' gestempelt zu werden. Die Gesamtschule soll einmal das Überwechseln zwischen praktischen und akademischen Kursen von Jahr zu Jahr erleichtern, vor allem aber auch innerhalb eines Jahrgangs eine Mischung von Kursen ermöglichen, die den Bedürfnissen des Einzelnen angepaßt sind. Aus diesem Grund ist es notwendig, daß die Gesamtschule zahlenmäßig groß ist. Bei höherer Schüler- und daher Lehrerzahl ist es möglich, mehr Spezialfächer in den Lehrplan aufzunehmen, vor allem aber auch, Hauptfächer in verschiedenen Leistungsstufen anzusetzen, um jedem Kind eine große Auswahl zu bieten.

Die eben erwähnte Art, eine Gesamtschule zu führen, ist leider oft nicht verwirklicht. Es ist schwierig, den Stundenplan und die Lehrerverteilung so zu organisieren, daß jedes Kind in jedem Fach in der richtigen Stufe unterrichtet wird. Eine wesentlich einfachere Art, die Schule zu organisieren, ist sie nach Leistungszügen zu unterteilen. Drei, vier oder gar fünf Leistungszüge werden angesetzt, in die die Schüler eingestuft werden. Ein Leistungszug, der sich über das gesamte Lehrgebiet erstreckt, kann aber einer Begabung, die sich nur in ein oder zwei Fächern bemerkbar macht, keine Rechnung tragen. Die Schule zerfällt dann, ähnlich wie in dem alten System, in mehrere Teile. Ich würde sagen, daß eine Gesamtschule, die nach diesem Prinzip geführt wird, dem Dreiersystem gegenüber keine wesentlichen Vorteile bietet.

Im Gegenteil, die Nachteile, die durch die große Schülerzahl entstehen, verschlechtern die Lage. In einer Riesenschule kann es leicht dazu kommen, daß Kinder kaum einem Lehrer wirklich bekannt sind und daß sie sich auch in der Schülermenge verlassen und unbedeutend vorkommen. Diese Nachteile können allerdings gemildert werden. Viele Schulen haben ein gut ausgebautes Fürsorgesystem, in dem die Schülerschaft in übersehbare Gruppen unterteilt ist mit Klassenlehrern, Vertrauenslehrern, die für einen ganzen Jahrgang verantwortlich sind und Schülervertretern, die sich ebenfalls darum bemühen, jedes Kind zu seinem Recht kommen zu lassen.

Wie könnte man nun, an Hand der vorgehenden Auslegung, die oben gestellte Frage beantworten? Ich würde sagen, daß der Begriff der Chancengleichheit äußerst wünschenswert ist und zwar sowohl vom Standpunkt des Einzelnen als auch dem des Gesamtwohles aus gesehen.

Die Frage ist nun die, ob die Gesamtschule der beste Weg dahin ist. So wie viele Schulen organisiert sind, in starre Leistungszüge getrennt, sind die Nachteile, die die Größe verursacht, trotz der Schulfürsorge, größer als die Vorteile, die dadurch entstehen sollen, daß alle Leistungsgruppen vereint sind. Einerseits gehören die Kinder, wie bisher, einer Gruppe an, die sie selbst als nicht-akademisch erkennen, andererseits kann es leicht dazu führen, daß das Leistungsniveau der gesamten Schule sinkt. Wenn die Gesamtschule wirksam sein soll, muß für jedes Kind eine große Fach- und Niveauwahl zur Verfügung stehen, um ihm zu maximaler Entwicklung in jedem Gebiet zu verhelfen. Wenn dies organisatorisch möglich ist, könnte die Gesamtschule ein guter Weg zur Chancengleichheit sein.

7B   Ist die Gesamtschule der beste Weg zur Chancengleichheit? Version 2

The essay has been deliberately re-written in a variation of the parallel argument construction discussed on pages 28–29. Note how organised the writer has to be to structure his essay in this way and, perhaps even more important, how difficult it is for the reader to evaluate without referring back from Point 1b to Point 1a,* from Point 2b to Point 2a and so on.

Neither the basic parallel argument structure nor this elaborated form allows for smooth reading and assessment.

Die Gesamtschule ist eine verhältnismäßig neue Erscheinung in der Erziehungsgeschichte. Im Laufe der Zeit wurden durch verschiedene private und später staatliche Maßnahmen immer mehr Kinder vom Schulsystem erfaßt. Nachdem Unterricht für Alle erreicht war, machte sich aber bemerkbar, daß längst nicht alle Kinder im gleichen Maße von der Schule profitieren. Aus dieser Erkenntnis entsprang der Begriff der Chancengleichheit, die anstrebt, jedem Kind, ungeachtet seiner häuslichen

(*1a = Point 1, + side
1b = Point 1, − side)

Verhältnisse, die für seine Bedürfnisse bestmögliche Erziehung zu vermitteln. Ein Versuch, dieses Ziel zu erreichen, ist die Gesamtschule und ich will mich bemühen, kurz zu erklären, auf welchem Gedankengang sie beruht, werde aber auch einige Nachteile, die sich häufig offenbaren, erwähnen, um am Schluß durch ein Abwägen die obige Frage beantworten zu können.

1a   Vor der Schulreform wurden Kinder im elften Lebensjahr geprüft und auf Grund der Prüfungsergebnisse Ober- und Mittelschulen zugeteilt. In der Gesamtschule fällt diese Ausleseprüfung fort, sodaß Kinder jeder Begabung weiterhin nebeneinander lernen können. Der Hauptvorteil dieses Systems besteht darin, daß Schüler nicht schon in jungen Jahren auf bestimmte, oft weniger akademische Kurse beschränkt werden. Im Gegenteil, ihnen wird oft bis ans Ende der Schulzeit, die größtmöglichste Wahl geboten.

2a   Die Gesamtschule soll einmal das Überwechseln zwischen praktischen und akademischen Kursen von Jahr zu Jahr erleichtern, vor allem aber auch innerhalb eines Jahrgangs eine Mischung von Kursen ermöglichen, die den Bedürfnissen des Einzelnen angepaßt sind. Aus diesem Grund ist es notwendig, daß die Gesamtschule zahlenmäßig groß ist. Bei hoher Schüler- und daher Lehrerzahl ist es möglich, mehr Spezialfächer in den Lehrplan aufzunehmen.

3a   Ebenfalls ist eine große Schule in der Lage zumindestens eine größere Anzahl von Hauptfächern in zwei oder drei Leistungsniveaus anzusetzen. Auf diese Weise ist es einem Schüler möglich, zum Beispiel Mathematik in einer A-Gruppe, Deutsch in einer B-Gruppe und Englisch in einer C-Gruppe zu lernen. Nach diesem Begabungsbild wäre er wahrscheinlich nur zur Mittelschule zugelassen worden, kann in der Gesamtschule aber in Mathematik ähnliche Fortschritte machen, wie in einer Oberschule.

4a   Eine wohlorganisierte Gesamtschule kann auch, dank ihrer Größe, ein Fürsorgesystem ausbauen, das sich sowohl um das geistige als auch das leibliche Wohl der Schüler kümmert. Die Schülerschaft wird in übersehbare Gruppen unterteilt, sodaß jedes Kind wenigstens einem Lehrer persönlich bekannt ist.

5a   Im Zusammenhang mit der Schulfürsorge ist ebenfalls zu erwähnen, daß die ideale Gesamtschule Jungen und Mädchen aller Begabungsniveaus und Kinder aus verschiedenen sozialen Klassen beherbergt.

Wie in den meisten Debatten, ist es auch hier möglich für die oben erwähnten Punkte Gegenargumente anzuführen.

1b   Zwar mag eine frühe Ausleseprüfung eine Anzahl von Kindern in ihrer Entwicklung hemmen. Die Gesamtschule ist aber besonders bestrebt, Kinder aus benachteiligten Familien zu fördern. Ich frage mich aber, ob die Oberschule nicht dazu ebensogut in der Lage ist. Für die Aufnahmeprüfung ist Begabung normalerweise von größerer Bedeutung als zielbewußtes Lernen. Wenn ein Kind mit elf Jahren in die Oberschule versetzt wird, ist es ihm oft leichter, eine positive Einstellung zum Lernen zu entwickeln, als es ihm in der Gesamtschule möglich ist. Dort ist der Gruppenethos oft negativ in Bezug auf Hausarbeiten, Büchertragen und so weiter, sodaß der Schüler sich von seinen Kamaraden distanzieren muß, wenn er Erfolg in der Schule haben will. Dies verlangt viel von Jugendlichen, besonders von Jungen, denen Ansehen in der Gruppe oft von größter Wichtigkeit ist.

2b   Eine größere Fächerauswahl ist wohl wünschenswert. Andererseits gibt es sogenannte ‚Schlüsselfächer', zum Beispiel die Muttersprache und Mathematik, deren Beherrschung für die spätere Stellensuche wichtig ist. Das Angebot von neuen Fächern, oft praktischer Natur, ist zwar attraktiv, darf aber nicht dazu führen, daß die Schlüsselfächer vernachlässigt werden.

3b   Leistungsniveaus werden leider nicht immer zur Wirklichkeit, denn es ist schwierig, den Stundenplan und die Lehrerverteilung so zu organisieren, daß jedes Kind in jedem Fach in der richtigen Stufe unterrichtet wird. Eine wesentlich einfachere Art die Schule zu organisieren ist, sie nach Leistungszügen zu unterteilen. Drei, vier oder gar fünf Leistungszüge werden angesetzt, in die die Schüler eingestuft werden. Ein Leistungszug, der sich über das gesamte Lehrgebiet erstreckt, kann aber einer Begabung, die sich nur in ein oder zwei Fächern bemerkbar macht, keine Rechnung tragen. Die

Schule zerfällt dann, ähnlich wie in dem alten System, in mehrere Teile. Ich würde sagen, daß eine Gesamtschule, die nach diesem Prinzip geführt wird, dem Dreiersystem gegenüber keine wesentlichen Vorteile bietet.

4b   In einer Riesenschule kann es leicht dazu kommen, daß Kinder kaum einem Lehrer wirklich bekannt sind und daß sie sich auch in der Schülermenge verlassen und unbedeutend vorkommen. Zwar kann das Fürsorgesystem versuchen, die Lage zu mildern. Dadurch werden die Lehrer aber zusätzlich mit Aufgaben belastet, die sie von ihrer eigentlichen Berufung – der Unterweisung – abhalten.

5b   Die ideale Mischung von Begabungsniveaus und sozialen Schichten ist leider nicht immer möglich. In Großstädten wohnen Arbeiter und Angestellte in verschiedenen Stadtteilen. Will man eine echte Mischung erzielen, muß man Schüler nach amerikanischem Muster mit Bussen zur Schule befördern.

Die Frage ist nun die, ob die Gesamtschule der beste Weg zur Chancengleichheit ist. So wie viele Schulen organisiert sind, in starre Leistungszüge getrennt, sind die Nachteile, die die Größe verursacht, trotz der Schulfürsorge, größer als die Vorteile, die dadurch entstehen sollen, daß alle Leistungsgruppen vereint sind. Einerseits gehören die Kinder wie bisher einer Gruppe an, die sie selbst als nicht-akademisch erkennen; andererseits kann es leicht dazu führen, daß das Leistungsniveau der gesamten Schule sinkt. Wenn die Gesamtschule wirksam sein soll, muß für jedes Kind eine große Fach- und Niveauwahl zur Verfügung stehen, um ihm zu maximaler Entwicklung in jedem Gebiet zu verhelfen. Wenn dies organisatorisch möglich ist, könnte die Gesamtschule ein guter Weg zur Chancengleichheit sein. Andernfalls werden gerade die Kinder, denen die Gesamtschule helfen soll, benachteiligt; ihnen werden mehr Türen verschlossen als geöffnet.

8   Wie erklären Sie sich die Spannung zwischen den Generationen?

Die Spannung zwischen den Generationen ist heute ein oft erörtertes Thema. Im Gespräch mit älteren Menschen gewinnt man häufig den

Eindruck, daß dies ein Problem unserer Zeit ist, welches früher nur in geringem Maße existierte. Es scheint mir sinnvoll, zwei Gedankengänge zu verfolgen. Einmal müßte man die Ursachen der Spannung zu erkennen versuchen, zum zweiten erklären, warum sie heute stärker in Erscheinung treten als es früher der Fall war.

Die Ursachen der Spannung könnte man vielleicht am besten in zwei Arten unterteilen: biologische und gesellschaftliche. Die biologischen Gründe, die eng mit der Pubertät verbunden sind, sind selbstverständlich keine neue Erscheinung. Der Unterschied besteht lediglich darin, daß die Pubertätszeit allmählich immer früher einsetzt. Man könnte annehmen, daß dies nur ein früheres Eintreten eventueller Probleme und Spannungen zur Folge haben würde. Leider ist das meistens nicht der Fall und die Gründe dafür sind auf einem anderen Gebiet zu suchen.

Noch vor 100 Jahren war es normal, daß auch junge Kinder zur Arbeit herangezogen wurden. Sie trugen also schon während der Pubertätszeit Verantwortung und wurden in mancher Beziehung wie Erwachsene behandelt. Dagegen verlängern wir heute die Kinderzeit indem wir den Schulabgang hinausschieben. So haben wir einen früheren Ansatz der Pubertätszeit und gleichzeitig eine längere ‚Kinderzeit'. Es ist also leicht zu ersehen, daß dies bei vielen Jugendlichen Anpassungsschwierigkeiten hervorruft.

Der eben erwähnte Punkt ist nicht mehr rein biologischer Art, sondern teilweise gesellschaftlich bedingt. Dies bringt mich zu den sozialen Ursachen der Spannung. Es ist nicht nur das Verhältnis zwischen den Generationen welches sich geändert hat, sondern die Gesellschaft an sich hat sich gewandelt. Durch den Wohlfahrtsstaat sind die Unterschiede zwischen Arm und Reich längst nicht mehr so krass wie früher. Die Kinder armer Eltern hatten vormals wohl selten Geld und auch Kinder aus besser gestellten Häusern waren finanziell mehr von den Eltern abhängig, als die heutige Jugend. Zu dem oben erläuterten Dilemma kommt so hinzu, daß die meisten Jugendlichen heute über eine Kaufkraft verfügen, die ihnen eine nicht unbeträchtliche wirtschaftliche Macht gibt.

Wenn wir einerseits die Kinderzeit verlängern – warum geben wir den Jugendlichen früher, wenn auch beschränkte, Macht? Die wirtschaftliche Struktur eines Industriestaates ist völlig anders als die eines Agrarstaates. Fabriken bezahlen besser als Landwirte, auch beschäftigen sie mehr Frauen. Wenn die Mutter arbeitet, kommt mehr Geld ins Haus, andererseits ist weniger Zeit für die Kinder übrig. Zwar läßt Mutterliebe sich nicht für Geld kaufen, aber ein hohes Taschengeld kann zumindestens das mütterliche Gewissen beruhigen und den Kindern das Gefühl geben, gut versorgt zu sein.

Jugendliche haben somit Geld auszugeben, ohne mit Verantwortung belastet zu sein. Ein neuer Markt, der fast ausschließlich auf ihre Wünsche und Bedürfnisse eingestellt ist, entwickelt sich und in dieser Lage befinden wir uns jetzt.

Ist es also verwunderlich, daß im Heim Spannungen bestehen? Das gut eingerichtete Haus ist oft nur durch große Anstrengungen beider Eltern möglich. Das Kind ist jahrelang in der Schule ‚gut versorgt‘, die Mutter kann also einer Beschäftigung nachgehen. Gleichzeitig wird das Kind finanziell entschädigt. Jugendliche stehen dadurch in einem zweiten Dilemma: sie sind Kinder und können kaum über ihr eigenes Schicksal entscheiden, haben aber eine wirtschaftliche Macht, für die sie im Grunde nicht vorbereitet sind. Wenn die Eltern erwarten, sie weiterhin wie Kinder zu behandeln, wenn sie anderswo als Kunden umworben werden, entsteht leicht Streit.

Zusammenfassend möchte ich sagen, daß die Ursache für die größere Spannung zwischen den Generationen teilweise biologisch begründet ist, großenteils aber auf einer veränderten sozialen und gesellschaftlichen Lage beruht. Wir haben es finanziell besser als je zuvor und lassen uns durch den allgemeinen Wohlstand täuschen. Zeit für menschliche Kontakte ist knapper geworden. Wenn Zeit vorhanden ist, wird manche Schwierigkeit im Gespräch beseitigt, ehe sie große Proportionen annimmt. Wir ersetzen Zeit durch Geld. Wir haben gelernt, dieses Geld auszugeben und unsere äußeren Umstände zu verbessern. Der wachsende Zeitmangel führt aber zu Entfremdung und zu dem Verlust innerer Werte. Wir sprechen von der Generationslücke, beschuldigen die Jugend wegen ihres unmöglichen Benehmens, ohne uns über die Gründe klar zu werden. Vielleicht können Soziologen und Psychologen den verzweifelnden Eltern den Weg zurück zu ihren Kindern zeigen – viele Spannungen möchten durch menschlichen Kontakt zu überbrücken sein.

9 Muß man Angst haben vor dem Alter?

Die Tatsache, daß die obige Frage heute so in den Vordergrund gerückt ist, muß wohl als eine Zeiterscheinung betrachtet werden. Der Mensch als denkendes Wesen mußte sich schon immer mit dem Problem des Todes auseinandersetzen; es scheint aber, daß dieses Problem jetzt immer mehr in den eigentlichen Lebensbereich übergreift. Ich will versuchen kurz die geschichtliche Entwicklung und die kulturellen Unterschiede dieses Dilemmas zu betrachten, und dann einige heute akute Probleme untersuchen.

Wie eingangs erwähnt, ist das Problem des Alters und ob man Angst davor haben muß, verhältnismäßig neu. Zwei Entwicklungen möchten dafür verantwortlich sein. Zum ersten gibt es heute prozentual auf die Bevölkerung verteilt mehr alte Menschen als in früheren Zeiten. Dies beruht hauptsächlich auf medizinischen Gründen. Die Sterblichkeit bei Kleinkindern ist stark gesunken, großenteils dank verbesserter Hygiene, außerdem haben Erkenntnisse in der Ernährungskunde dazu geführt, daß die meisten Menschen wesentlich gesünder und daher länger leben. Auch ermöglichen Fortschritte in der Medizin es heute, selbst alte und kranke Menschen länger am Leben zu halten als es früher der Fall war.

Der zweite Grund aus dem man Angst vor dem Alter haben muß, ist soziologischer Art. Die Struktur der Familie hat sich in den letzten siebzig Jahren drastisch von der der tradionellen Großfamilie auf die der ‚Kernfamilie' geändert. Bis zur Jahrhundertwende war es wohl eher die Regel als die Ausnahme, daß mehrere Generationen in einem Haushalt vereint waren. Besonders in Städten ist das heute wesentlich seltener der Fall. Häuser und Wohnungen sind einfach nicht geräumig genug, um Großeltern mit zu beherbergen. Auf dem Lande mag dies teilweise noch anders sein. Einmal möchte Platz vorhanden sein, zum anderen der gute Wille auf Seiten der Kinder, besonders wenn die ruheständigen Eltern noch von tatkräftigem Nutzen sein können. In der Stadt würde ihre Nützlichkeit sich in den meisten Fällen wohl auf das Behüten von Enkelkinder beschränken, um der Mutter (Mittelgeneration) das Arbeiten zu ermöglichen.

Der Unterschied zwischen Stadt und Land, gestern und heute, läßt sich auch weltweit beobachten. In den unterentwickelten Ländern haben sich die Gesellschaftsformen meist noch nicht so verändert, wie es im Westen der Fall ist, und die alten Menschen sind dort weiterhin ein Teil der Familie als Wirtschaftszelle, sie tragen bei und werden nicht als Last betrachtet.

Welche Probleme hat der alternde Mensch im heutigen Westen? Die erste Hürde nach der Pensionierung ist finanzieller Art. Die Lebenshaltung muß der Höhe der Pension angepaßt werden. Die am stärksten Betroffenen sind diejenigen, die lediglich auf die staatliche Pension angewiesen sind. Für finanziell glücklicher Gestellte kann der Ruhestand oft Annehmlichkeiten und Möglichkeiten bringen, von denen sie seit Jahren streßvoller Tätigkeit geträumt haben.

Nach der finanziellen Umstellung kommt die plötzliche ‚Arbeitslosigkeit'. Dies trifft mehr auf Männer als auf Frauen zu, da letztere zumindestens weiterhin mit Hausarbeit belastet sind. Manche Männer haben aus Interesse oder als Vorbereitung auf die Pensionierung Hobbies angefangen, für die sie jetzt mehr Zeit aufbringen können. Für diese sollte die Umstellung nicht allzu schwierig sein. Andere hingegen – und dies trifft ebenso auf Arbeiter wie auf leitende Angestellte zu – sitzen plötzlich taten- und ideenlos da und verfallen in Melancholie.

Dieser Zustand wird oft durch Einsamkeit erschwert. Durch die zunehmende Mobilität der Arbeitnehmer mögen die Kinder weit entfernt wohnen und selbst wenn sie noch in der gleichen Stadt leben, ist das Zusammenwohnen aus oben erwähnten räumlichen Gründen meist unmöglich. Selbst wenn Eltern und Kinder sich entschlossen haben, zusammen zu leben, ist dies oft ein zweischneidiges Schwert. Im idealen Fall, ist das Verhältnis zwischen beiden Teilen gut. Die Eltern können sich nützlich machen ohne dabei überanstrengt zu werden und haben die Freude, ihre Enkel aufwachsen zu sehen. Diese ideale Situation, vor der niemand Angst zu haben braucht, tritt leider oft nicht ein. Die Einstellung der jüngeren Generation ist heute nicht mehr die gleiche wie früher. Kinder fühlen sich durch die Eltern beengt und behindert. Dies führt zu Krisen oder aber zum Beispiel zur Arbeitnahme der jüngeren Frau. Wohl macht sie Platz für die ältere, aber diese wird dann oft überfordert und die Freude an den Enkeln kann leicht zur Tortur für die Großmutter werden.

Wenn nicht zu den Kindern – wo dann hin? Ins Heim natürlich! Auch hier gibt es den idealen Fall derer, die noch rüstig sind, sich aber schon frühzeitig mit einer Heimsituation vertraut machen, wo sie noch viel Freiheit haben und sich großenteils selbst versorgen können. Dies ist aber nur für Gesunde und oft auch nur für Wohlbemittelte möglich. Wenn diese beiden Voraussetzungen nicht gegeben sind, gibt es das staatliche Heim. Massenabfertigung und enges Beisammensein mit anderen, die geistig nicht mehr ganz beieinander sind, mag für viele zum Albtraum werden. Für Frauen, die gewohnt sind, im eigenen Heim zu schalten und walten, mag diese Umstellung oft schlimmer sein als für Männer. Das Heim ist wohl am schwersten zu ertragen für Menschen, die auf Selbständigkeit großen Wert legen und geistig oder körperlich noch nicht völlig auf Hilfe angewiesen sind, sich aber trotzdem der Heimroutine unterwerfen müssen.

Wie oben gesagt, hat die Medizin große Fortschritte gemacht. So finden wir Menschen in Heimen und Krankenhäusern, die sich und das Leben satt haben, mehr oder weniger dahin vegetieren, aber noch eben am Leben erhalten werden. Das Leben dauert fort, ist aber zur Bürde geworden.

Wie kann man die Frage nun zusammenfassend beantworten? Wie aus der Behandlung der einzelnen Punkte zu ersehen ist, gibt es auch heute Menschen, die einen schönen und zufriedenen Lebensabend genießen können. Auf Grund der sozialen Umstellung aber möchte ich annehmen, daß diese Gruppe allmählich kleiner wird. Der alte Mensch kann heute nur noch selten sein Leben im Schoß der Großfamilie beschließen. Er muß also Umstellungen in Kauf nehmen, wenn er Muße und Verständnis braucht; muß sich mit Massenabfertigung abfinden, wenn er nach einem Leben im Großbetrieb die Ruhe ersehnt. Menschen die an sich selbst genug haben, mögen damit eher fertig werden als die breite Masse, dies trifft aber leider wohl nur auf eine Minderheit zu. Die Medizin erspart besonders Alternden viele Schmerzen, trotzdem würde ich nicht sagen, daß diese Fortschritte ohne Nachteile sind. Die Verlängerung des Lebens weit über die körperliche Tüchtigkeit hinaus, mag für viele eine geistige Belastung bedeuten, mit der sie nur schwer fertig werden. In vielen Beziehungen haben alte

Menschen es heute besser als früher, zum Beispiel durch die Versorgung im Heim und den Erlaß schwerer Arbeit im Alter, aber Einsamkeit und Leiden werden heute oft über das erträgliche Maß hinaus verlängert. Zwar erkennt die Gesellschaft diesen Notzustand, aber keine weißgekleidete Schwester oder frische Sozialbeamtin kann je die Atmosphäre im Kreis der Familie ersetzen.

Introduction: Frage eine Zeiterscheinung.
Früher: Leben – Tod, heute: Arbeitszeit, Alter, Sichtum, Tod.

Body: 1 Warum ein Problem?
  (a) Mehr alte Menschen
  (b) Soziologie: keine Großfamilien
    Platzmangel, veränderter Lebensstil
    Stadt / Land, heute / gestern, Asien / Europa
  2 Welche Probleme?
  (a) Weniger Geld
  (b) Keine Beschäftigung
  (c) Einsamkeit
  3 Wohin im Alter?
  (a) Zu den Kindern wenn möglich, positiv and negativ
  (b) Ins Privatheim, gut aber teuer
  (c) Staatliches Heim, Krankenhaus, – Massenabfertigung

Conclusion: Einige Glückliche, kein Problem.
    Für viele: Einsamkeit oder Massenbetrieb.
    Verlängerung der Leiden.

Section B   Student Essays

Emma Feasby – Schreiben Sie einen Brief, in dem Sie die Gründe angeben, warum Ihr(e) Brieffreund(in) das von Ihnen empfohlene Werk unbedingt lesen sollte.
  Liebe Heike!
  Sicher hast Du Dich gewundert, daß Du so lange nichts von mir gehört hast. Ich muß zugeben, daß ich meine ganze Zeit dabei

verbracht habe, ,Die verlorene Ehre der Katharine Blum', einen Roman von Heinrich Böll, zu lesen.

Katharina Blum setzt sich kritisch mit dem Streit zwischen Menschen- und Pressefreiheit und, laut dem Verfasser, insbesondere dem zwischen Menschen und den ,Praktiken der BILD-Zeitung' auseinander. Auf Grund dieser Auslegung bin ich davon überzeugt, daß dieses Buch Dir gefallen würde, weil Du Dich so für Menschenrechte interessierst.

In dem Roman hat Heinrich Böll wie immer die Menschlichkeit verteidigt, indem er für bestimmte Menschenrechte gekämpft hat. Nicht nur die Presse steht endlich für Katharinas Schicksal verantwortlich – auch Polizei, Freunde, Bekannte verlassen alle nach und nach die junge Frau.

Und was wäre denn Katharinas Hauptlaster? Durch ihre Entschlossenheit und vor allem ihre Ehrlichkeit ist ihr Scheitern besiegelt. Wenn sie nur eine Lügnerin gewesen wäre, und Ausreden für ihr Benehmen erfunden hätte, wäre sie nicht durch die Presse, die sogenannte Vertreterin der Gesellschaft, zerstört worden.

Es ist meine Meinung, daß Deine Persönlichkeit Katharinas ähnlich ist. Deshalb denke ich, daß Du und sie einander sehr verwandt seid. Katharina scheint mir ja sehr tragisch zu sein. In gewissen Umständen ist sie selbstsicher aber gesellschaftlich ist sie unsicher – genau wie Du! Du bist sehr empfindsam und würdest viel Mitleid mit Katharina haben, weil die sonst eher zurückhaltende ,Nonne', sich in einem gewissen Ludwig verliebt, während dieser von der Polizei überwacht wird.

Das erinnert mich an Dich und Ben nach der Fußballaufruhr und an das Problem mit der Bereitschaftspolizei! Auf einer Party begegnet Katharina Ludwig und sie tanzt den ganzen Abend arglos und vielleicht auch naïv mit ihm aber am nächsten Morgen dringt ein Trupp bis an die Zähne bewaffneter Polizisten bei ihr ein.

Du bist sehr für Frauenrechte. Deshalb würdest Du Katharinas Benehmen rechtfertigen und auch billigen, als sie auf den Journalisten Werner Tötges mit einer geladenen Pistole wartete. Als er endlich ankam, hat Katharina abgedrückt und ihn erschossen. Weil Du sehr feministisch bist, würdest Du ihre Handlung billigen, als sie gegen den Kommissar Beizmenne unhöflich war – ,Als

Beizmenne . . . nicht nur väterlich wirkte sondern väterlich wurde, bestand die Blum darauf, in ihre Zelle gebracht zu werden.'

Du konntest nicht akzeptieren, daß die Polizei zweideutige Einzelheiten gegen Dich ausnutzte – wie zum Beispiel die Weise, in der die Herkunft von Katharinas Ring und die Identität ihres Besuchers eine Gestalt angenommen haben, die kein Verhältnis zu ihren wirklichen Bedeutungen beweisen konnte.

Es ist eine spannende, aktionsreiche Handlung, die stört, weil Katharinas Anständigkeit und Stille (für Kommissar Beizmenne kann das nur eine Interpretation hervorrufen) wirken, als ob sie eine Schuldige wäre. Die Geschichte ist konsequent gut durchdacht und witzig und sowohl humorvoll als auch ernsthaft. Der Roman bietet ein Reizthema an, das mich äußerst interessiert hat und, ich denke, Dich auch fesseln würde. Ich empfehle Dir dieses Buch herzlich.

Schreib mir bitte bald!

Deine Emma

Richard Foster – Umweltschutz

Wir sollten die Umwelt schonen, so die Experten und die Unwissenden. Und ,Umweltschutz' ist ohne weiteres das Stichwort unserer Zeit. Allerlei Menschen sagen, der deutsche Wald sterbe und sprechen von der Gefahr für die Ozonschicht. Der deutsche Waldschadenbericht 98 weist darauf hin, daß achtzig Prozent der deutschen Wälder schwerkrank sind. Wir bedauern es alle und es scheint, wir tun so viel wir können aber es ist längst nicht genug. Warum sollte das der Fall sein?

Im scharfen Gegensatz zu den Versuchen von Umweltfreunden, bestimmten Organisationen und geschäftlichen Unternehmen, ist es klar, daß wir nicht kapiert haben, wieviel uns zu tun bleibt. Anders gesagt; wir machen einige Anstrengungen aber wir denken nicht wirklich umweltlich. Sie werden vielleicht sagen, dieser Student habe eine viel zu negative persönliche Einstellung geäußert. Auf diesen Fall, überlegen wir zuerst die positiven Initiativen, die schon unternommen worden sind, und dann denken wir an was übrig zu tun bleibt.

In Deutschland verteilen wir unseren Müll in verschiedene Eimer für Glas, Papier, usw. Wir kaufen vorzugsweise Güter, die umweltschonende sind und diese gewinnen staatliche Billigung und bunte Aufkleber und Schildchen. Wir kaufen Autos, die bleifrei und mit Katalysator umfahren und wir nehmen den Bus oder den Zug von Zeit zu Zeit. Um dabei zu helfen, haben wir Fußgängerzonen in den Städten gebaut. Wir bestehen darauf, daß schmutzige Fabriken Filter einstellen, um die Vergiftungsmöglichkeiten der Abgase zu vermindern. Wir bringen Pflege zu den kranken Bäumen, wir erfinden neue Sprühdosen und Aerosols, die der Ozonschicht weniger Schaden beibringen.

Und doch . . . wie früher gesagt ist es längst nicht genug.

Sooft ein neues gesellschaftliches Dilemma auftaucht, fungieren wir nach Egoismus and Genußsucht. Beispiel: Weil Otto und Hanna Mittelverbraucher zu faul sind, um aufzustehen, um den Fernseher auszuschalten, haben alle neuen Fernseher jetzt ein Standby, das man fernsteuern kann. *Na und?* sagen Sie. In Deutschland in 1998 hat die Standby-Gelegenheit alleine jeden Tag in jedem Monat die Produktion von anderthalb Stromzentralen verbraucht. Und wir sind nicht selbstsüchtig.

Beispiel: Weil die Leute immer schneller von A nach B reisen wollen, bauen wir immer mehr Flughäfen und wir erweitern die schon existierenden Häfen. Ich war letzten Monat bei Freunden in der Nähe von Frankfurt am Rhein. In Frankfurt wie überall in Deutschland haben Ferienreisen einen erheblichen Beitrag zur Entwicklung des Flugverkehrs in den letzten Jahren gemacht. Jetzt starten und landen stündlich sechzig bis siebzig Maschinen in Frankfurt, zweimal soviel wie vor fünfzehn Jahren. Wir zucken mit den Achseln und gehen weiter aber drei Millionen Tonnen Treibstoff werden jährlich in zivilem und militärischem Betrieb über dem Bundesgebiet verbraucht. Dieser Verbrauch verursacht einen ungeheueren Ausstoß von Kohlenwasserstoff und Kohlenmonoxid und wir wissen, was für Auswirkungen diese auf die Umwelt haben. Zu den Zivilen sage ich, ‚Ist es unbedingt nötig, so weit zu reisen, um sich zu entspannen?' Und ich frage das Militär, ‚Gegen wen müssen wir uns so heftig verteidigen, daß die Flugzeuge sich auf der Dauer in der Luft befinden und unsere Atmosphäre vielleicht unheilbar beschädigen?'

Beispiel: Wir haben wie schon erwähnt bleifreies Benzin und Kat. So weit, so gut, aber, und es ist ein großes Aber, unser Benzin trägt nur zwanzig Prozent der Grünkosten unseres Wagens bei. Die anderen achtzig Prozent entstehen fast alle bei der Herstellung des Autos. Das Beste wäre, keine PKW herzustellen – Wagen sollten wir ja haben aber Wagen, die den öffentlichen Verkehrsmitteln gewidmet sind.

Meine Beispiele bringen eine allgemeine Lehre an. Wir denken. Wir denken viel. Aber wir denken nicht Umwelt. Statt dessen machen wir Gesten. Wir sollten eine totale Politik für morgen, für den Morgen unserer Kinder und Enkelkinder ausarbeiten; sonst werden sie nicht überleben und wir werden unser Schicksal verdienen, wenn wir den Globus vernichten. Es wird Zeit.

Essay commentaries

Schreiben Sie einen Brief . . .

Emma Feasby has provided a very intelligently written letter, in which she recommends Heinrich Böll's *Die verlorene Ehre der Katharina Blum* to a friend. We are treated to a perceptive analysis of Katharina's character and of the hostile reactions she innocently provokes.

The great strengths of Emma's essay are the excellent, accurate German, the shrewd insights into character and action and the clever way in which she does exactly what is asked of her in the title. Notice how she strikes regular parallels between Katharina's personality and that of the young woman to whom she is writing. The *write a letter on a book/play/film/artist* type of assignment is fraught with difficulty in much the same way as the geography essay (see pages 42–48). It is a trap into which the unwary can fall all too easily, producing a simplistic, unasked-for character study or plot description and ignoring the needs of the imaginary recipient of the letter. Emma did exactly the opposite. Notice also how she brings some life into the letter by making some quite personal assessments of her friend Heike's own character, without ever letting the fictional friend take over. Exactly the right balance is struck.

For all the points outlined, Emma's essay achieved a very strong A grade, scoring 8s, 9s and 10s for all the areas of language and thought content.

Umweltschutz

Richard Foster produced an unusual essay, in that it was both impassioned and logical. Richard managed to marry these two elements by presenting his evidence in a factual, quite scientific way, before providing a sceptical, scathing or even somewhat bitter comment.

Cleverly, he starts by listing positive environmental initiatives and gestures, before showing just how much remains to be done. This is a clear echo of the strong essay structure outlined on page 27, which he uses to almost devastating effect, as he makes us feel ashamed of just how little we really have done to protect our environment. When I originally marked this essay, I had just the feeling that Richard's writing might have proved even more effective, if he had made more suggestions as to the positive things we could do, so that we were not left with quite such a feeling of failure.

Richard's German is very strong, indeed. There is the occasional journalistic ring to it, no doubt because he watched many environmental programmes from German television via satellite. Nonetheless, the language has a tight and well-organised feel to it. It allows Richard to make his point very pithily indeed.

Like Emma's essay, Richard's scored very highly on all language and content categories, achieving, again like Emma's, almost the maximum total mark.

Note

These two students deserve particular respect for the effort they put into their work. They listened to and participated well in all the target-language sessions on their topics. Most particularly, they made copious German notes during topic discussions, using them to develop and extend their own ideas with considerable success. The use of their exam-conditions essays in *Aufsatz 2000!* is a tribute, not only to their ability, but to their enthusiasm and determination.

Gut gemacht!

Section C   Introductory and Concluding Paragraphs

For each of the following topics you are given only the first and the last paragraphs of your essay. Using them as your basis, write a main body for your composition to conform with the ideas and material already given.

Alternatively, if you find the discussion points listed do not contain important points that you would like to write about, then adapt the introductory and concluding paragraphs accordingly.

1   Welchen Teil Deutschlands möchten Sie am liebsten besuchen? Warum?

Freie Wahl für ein Ferienziel ist verlockend, aber man kann nur wirklich aussuchen, wenn man die Möglichkeiten kennt. Für diesen Aufsatz will ich voraussetzen, daß der bevorstehende Besuch meine erste Bekanntschaft mit Deutschland ist. Notwendigerweise werde ich daher durch das hier verfügbare Informationsmaterial beeinflußt.

* * * *

Um dem Titel gerecht zu werden, habe ich ein Gebiet Deutschlands ausgesucht und erklärt, aus welchen Gründen ich diese Gegend gern besuchen möchte. Wenn hingegen keinerlei Beschränkungen bestanden hätten, würde ich als ersten Besuch eher eine Rundreise gewählt haben. Am liebsten hätte ich diese per Fahrrad unternommen, da man auf diese Weise Land und Leuten leichter näher kommt. Bei späterer Gelegenheit könnte man dann die Bekanntschaft mit einzelnen Orten vertiefen.

2   Olympische Spiele: Was kann der Sport zur Völkerverständigung beitragen?

Positive arguments	Negative arguments
Treffpunkt vieler Nationen	Sportler oft isoliert gehalten
Zuschauer (am Ort und TV) vereint	Erzeugt oft mehr ein nationales als internationales Zusammengehörigkeitsgefühl

Zusammenarbeit – Wohlwollen	Unstimmigkeiten zwischen Ländern und Organisatoren
Aufmerksamkeit wird auf andere Länder gerichtet (Qualitäten und Charakterzüge von einzelnen Sportlern)	Ausnutzung der Atmosphäre um politische Ziele zu erreichen

Alle vier Jahre wenn die Vorbereitungen für die Olympischen Spiele ihren Höhepunkt erreichen, erhebt sich die gleiche Frage: ist die Olympiade ein sportlicher Wettbewerb, ein Weg zur Völkerverständigung und rechtfertigen die Ergebnisse den Riesenaufwand? Anhänger und Kritiker führen viele Gründe zur Unterstützung ihrer Argumente an, von denen ich einige einander gegenüberstellen will, um zu einer Antwort zu gelangen.

* * * *

Es scheint mir, als ob die meisten Argumente beider Seiten ähnlich viel Gewicht tragen. Zweifellos versuchen etliche Länder aus dem Ruhm, der ihren Sportlern zuteil wird, politischen Nutzen zu ziehen. Einmal wird dies von vielen Zuschauern erkannt und oft negativ bewertet, andererseits verhindert es nicht, daß auch diese Länder durch ihre individuellen Vertreter in ein anderes Licht gesetzt werden, als die üblichen Vertreter, die Politiker, es tun. Immer wieder treten Finanz und Ideale einander gegenüber, meßbare und unschätzbare Werte. Die Welt neigt heute dazu, die Bilanz über alles zu stellen. Kosteneffektiv ist die Olympiade sicher nicht, vielleicht auch übertrieben aufwendig aufgezogen und doch ... Es ist die einzige Veranstaltung, die weltweit intensiv verfolgt wird, durch die eine große Anzahl von Menschen verschiedenster Rassen und Berufe in Kontakt kommt und auch heute noch ist sie überwiegend unpolitisch. Selbst wenn man alle nachteiligen Argumente berücksichtigt, würde ich sagen, daß der internationale Sport, besonders aber die Olympiade, zur Völkerverständigung beiträgt.

3   Durch Planen neuer Autobahnen werden schöne Landschaften und friedliche Dörfer bedroht. Besprechen Sie das Für und Wider.

Keine Isolation	Bedrohung
Lebensstil der Einwohner	Verlust früherer Werte
Erschließung von Urlaubsgebieten	Verschandelung von Urlaubsgebieten

Der Titel enthält positive Werte – schöne Landschaften und friedliche Dörfer, und legt die Bedrohung dieser Werte als negativ aus. Man könnte das Problem aber auch in ein anderes Licht setzen, indem man die Aussage folgendermaßen verändert: Durch Planen neuer Autobahnen, werden isolierte Gebiete und vergessene Dörfer erschlossen. Ich werde einige Umstände von diesen beiden grundverschiedenen Stellungen aus betrachten und sie gegeneinander abwägen.

* * * *

Jedem der drei angeführten Vergleiche liegt der technische Fortschritt und unsere veränderte Lebenshaltung zugrunde. Schöne, friedliche Dörfer sind heute mehr denn je ein ersehntes Ziel von Stadtbewohnern geworden.

Regelmäßiger Urlaub erlaubt es ihnen, Luft und Umgebung zur Erholung zu verändern und die Autobahnen ermöglichen es, daß sie den Städten verhältnismäßig rasch entfliehen können. Leider verlieren die Landschaften oft an Schönheit, wenn Park- und Zeltplätze entstehen, und der Friede entlegener Dörfer wird durch die Touristen zerstört.

Wie wir gesehen haben, dienen die Autobahnen sowohl den Dorfbewohnern als auch den Touristen. Indem Planer die Eigenheiten von Land und Stadt im Auge behalten und darauf bedacht sind, die wünschenswerten Besonderheiten zu erhalten, sollte es möglich sein, die Vorteile die Nachteile überwiegen zu lassen.

4 ‚Befreiung von der Furcht' ist ein berühmtes Schlagwort. Kann aber eine Gemeinschaft völlig ohne Furcht leben?

Allein Hunger, Durst, Alter, Wetter, Katastrophen
Gemeinschaft Arbeitslosigkeit, Alter, Terror, Gewalt, Krieg

Dieser Aufsatz sollte versuchen, die Beziehung zwischen Gemeinschaft und Furcht zu klären: inwiefern entstehen furchterregende Situationen durch das Zusammenleben von größeren Gruppen? Um dieser Aufgabe gerecht zu werden, will ich zunächst verschiedene Arten von Furcht betrachten von denen Menschen in primitiven und fortgeschrittenen Gemeinschaften ergriffen werden. Das zitierte Schlagwort vermittelt den Eindruck, daß die Gesellschaft bestrebt sein sollte, die Menschen von Furcht zu befreien. Unterschiede zwischen primitiven und fortgeschrittenen Gemeinschaften könnten zeigen, wie weit dies Bestreben zur Wirklichkeit geworden ist. Zusätzlich müßte man sich aber auch fragen, ob die Befreiung von Furcht möglich oder auch nur wünschenswert ist.

* * * *

Aus der obigen Vergleichstellung ist zu ersehen, daß es dem Menschen fast unmöglich ist, der Furcht zu entgehen. Selbst die Umstände, die Furcht erregen, sind oft ähnlich, denn Hunger zum Beispiel, ist gleich, ob er durch eine schlechte Ernte oder durch Arbeitslosigkeit hervorgerufen ist. Die Furcht vor dem Alter gab es früher und dauert fort, nur hat sich in vielen Fällen das Gewicht von materiellen auf seelische Zustände verlegt. Dies ist ein typisches Beispiel für die anhaltende Entwicklung. Das Zusammenleben in einer Gemeinschaft ermöglicht Fortschritte, die manche früher furchterregenden Ursachen beseitigen. Die Größe der Gemeinschaft schafft aber andererseits neue Situationen, die Furcht einflößen. Es scheint also nicht möglich zu sein, Furcht zu beseitigen. Die Arten der Furcht ändern sich im Lauf der Zeit und die Gesellschaft kann nur versuchen, ein Verschlechtern der Situation zu verhindern, indem sie sich der Gefahren bewußt bleibt.

5 ‚Wer gegen die Todesstrafe ist, steht auf Seiten des Verbrechers.' Besprechen Sie das Für und Wider.

Für die Todesstrafe   *Gegen die Todesstrafe*
Wirksames Abschreckungsmittel   Angst vor Fehlurteilen
Strafe paßt zum Verbrechen   Vergebung und Besserung
Vernichtung der Terroristen

Wir sehen das Verbrechen als einen Angriff eines Einzelnen auf die Gesellschaft oder eines ihrer Mitglieder an. Es beschneidet die Freiheit des Einzelnen aber in der Bestrafung kehren wir die Lage um. Humanitäre Betrachtungen müssen sich sowohl mit der Lage des Verurteilten als auch mit dem Schutz der Gesellschaft befassen. Moralische Erwägungen sollten vom Blickpunkt des Einzelnen aber auch dem des Staates gezogen werden. Ich will versuchen, das Dilemma auf diese Weise zu erörtern.

* * * *

Die Todesstrafe ist das einzige Mittel, das die Gesellschaft besitzt, um sich ihrer Verbrecher endgültig zu entledigen. Als Schutzmaßnahme für die Bürger ist sie daher nicht zu unterschätzen. Andererseits darf man nicht vergessen, daß unsere Begriffe von Gut und Böse, Strafe und Vergebung mit der christlichen Lehre verknüpft sind. Solange diese uns als Basis dient, sollten wir uns an die Lehre der Vergebung halten und nicht auf das Alte Testament – Auge um Auge, Zahn um Zahn – zurückgehen. Die Frage um die Todesstrafe ist also letzthin eine Frage um die Fundamente der moralischen Einstellung unserer Gesellschaft.

Section D   Assignment Paragraphs

In this section you will find a variety of essay themes similar to those set at Advanced and Degree level examinations. For each title you are given an assignment to write a specific paragraph. Try to become accustomed to using material from Appendices A and B to help you.

For each of the assignments below, refer to Appendices A and B and to the model essays, using as much of the material in them as you wish. Try not to fall into the trap of expecting to use a new expression exactly as it stands. If you like the look of an item and feel that it might be useful, try to adapt it to your theme. If you feel the early titles to be too straightforward, start at the point you deem appropriate.

A   *For each of the following titles write a paragraph of eight lines.*

1	Was ich zu Hause treibe:	Introductory paragraph.
2	Warum ich Sport treibe:	Introductory paragraph.
3	Wozu Schule?	Concluding paragraph.
4	Die deutsche Wirtschaftskrise:	Concluding paragraph.
5	Die Rolle der Gewerkschaften in der Bundesrepublik:	Introductory paragraph.
6	Wintersport in Deutschland:	Introductory paragraph.
7	Aufenthalt in Deutschland:	Concluding paragraph.
8	Das Fernsehen in Deutschland:	Concluding paragraph.
9	Unser(e) Assistent(in):	Introductory paragraph.
10	Deutschland, Land der Musik:	Introductory paragraph.
11	Sollte man die Ehe abschaffen?	Concluding paragraph.
12	Frauen sind noch untertänig!	Concluding paragraph.

B   *For each of the following titles, write a paragraph of twelve lines.*

13	Brauchen wir noch Raumforschung?	Main-body paragraph, in favour.
14	Brauchen wir noch Raumforschung?	Main-body paragraph, against.
15	Sollte Rauchen in der Öffentlichkeit verboten werden?	Main-body paragraph, for.
16	Sollte Rauchen in der Öffentlichkeit verboten werden?	Main-body paragraph, against.

17	Wozu fremde Sprachen? Ich kann doch Englisch!	Main-body paragraph, for.
18	Wozu fremde Sprachen? Ich kann doch Englisch!	Main-body paragraph, against.
19	Hat England jetzt eine feste Währung?	Main-body paragraph, for.
20	Hat England jetzt eine feste Währung?	Main-body paragraph, against.

7

Language Errors

This manual concentrates on helping you towards developing your essay style. Unfortunately, all the effort you put into raising the level of your work from the point of view of ideas and their expression may be wasted, if you are not careful to check the grammatical accuracy of what you are writing.

It is a frequent source of disappointment to teachers and examiners to find most promising students failing to do justice to themselves through careless language slips. Fortunately, those who are prone to make such errors – and, at some time or other, that will mean most students of German – can do much to reduce the number of mistakes in their written German. Before, however, considering ways of achieving this reduction, it must be pointed out that language errors in German essay writing are not simply a question of carelessness. Many linguists, when reading through what they have written, find it genuinely difficult to recognise and identify their own mistakes.

But, whether mistakes arise from lack of attention or of awareness, it is not difficult for you to organise yourself into a technique which allows you to produce essays that are more correct, grammatically.

Time

Firstly, you should ensure that you leave yourself enough time after writing the essay for you to go through thoroughly, looking for mistakes. If you are already in the habit of doing this, you will feel this advice to be unnecessary. Yet, it is surprising how many writers consider they have finished their task once they have penned the last full-stop. Similarly, there will be many people for whom checking an essay means a cursory minute's glance through the pages they have produced. One cannot hope to spot a high percentage of one's errors in so little time. As a general rule of thumb, allow yourself a minimum of fifteen minutes for the typical 'A'-Level, Certificate or Degree assignment essay.

Alternate lines

Before any check is made, there is one initial procedure that will help you cut the number of unforced errors you produce. Unless you are very short of paper, write your essay on alternate lines. This strategy is very soundly based. Because there is more space between the lines, the eye finds it considerably easier to differentiate individual words, not only during a check, but at the time of writing, so that there are frequently fewer mistakes for you to find, than in a composition where the content is cramped. When you are writing for an examination, the use of alternate lines will offer the additional advantage of making it easier for the examiner to see what has been written and of allowing you to correct errors tidily.

Check list

Merely to suggest that you allow yourself enough time to check thoroughly what you have written seems rather pious, since, although the advice is well-meaning and undoubtedly useful, it leaves too much to you, the writer. Consequently, the check list on page 85, showing what to look for, should be of great practical benefit, assuming you work through your essay, checking each of the categories listed, individually.

This last suggestion is perhaps the most important, since the average essay writer succumbs to the natural temptation of carrying out a single, general check. An overall look at what one has written, although a worthwhile final procedure, will not prove particularly effective on its own, since by definition it does nothing to train the writer into looking for specific categories of mistake. By checking through your essay for individual types of error one by one, you will actually see more of what you have written.

Error check list

1   *The Verb*
   (a)   A singular or plural subject?
   (b)   Tense?
   (c)   Ending?
   (d)   Strong verb?
   (e)   Subjunctive?

2   *General Endings*
   (a)   Conditioned by case?
   (b)   Adjectival?
   (c)   Noun change?

3   *Noun Capitals/Umlaut*
4   *Word Order*
5   *Daß/das*
6   *Dative Object (disguised)*
   e.g. *danken, glauben, helfen*
7   *Relative Pronouns*
8   *Genitive 's'*
9   *Passive Voice*
10 *Apposition*
11 *Auxiliary*
   Sein/haben
12 *Mann/man*
13 *Als/wie*
14 *Als/wenn/wann*

Assignments

The following exercises are designed to help you to recognise the basic types of language error and to progress towards accurate correction.

Correct the mistakes in the paragraphs below (a key is provided on pages 117–24). In Exercises 1–14 the mistakes are underlined.

  1   Deutschland ist ein <u>schöne</u> Land und es macht <u>mich</u> immer Freude <u>wider nach ihm</u> zu fahren. Wenn ich auch an <u>diesem</u>

Land denke, <u>es</u> fällt mir ein, wie <u>ahnlich sind</u> wir Engländer und <u>Deutschen</u>. Freude und <u>friede</u> habe ich in Deutschland <u>gefandt</u>.

2   Lesen <u>heisst</u> Lernen und <u>fur</u> mich muß <u>daß</u> immer <u>gunstig</u> sein. Es hat <u>mich</u> die Gelegenheit <u>angebotet nach</u> andere Länder zu fahren und die Leute <u>zu</u> kennenlernen ohne <u>meinen</u> Zimmer zu verlassen. Jetzt <u>siehe</u> ich die Welt ganz anders <u>an</u> als <u>vor</u>.

3   Der <u>heutiger</u> Mensch ist der Ansicht, <u>dass</u> er zwar gelernt hat, __ Natur zu beherrschen, aber <u>meine</u> Meinung nach <u>dies ist</u> nicht die <u>wirklichkeit</u>, weil die Menschheit <u>spielt</u> nur eine kleine Rolle auf <u>diesem</u> Erde und <u>muß lernen</u>, sich selbst zu beherrschen. Der Mensch ist nur <u>eine winziger</u> Teil eines <u>grosseren Plan</u>.

4   Andere aber wohnen in sehr <u>unpersönliche</u> Betonstockwerken – die keine <u>Garten haben</u>, nur einen Balkon. Ich bin der Ansicht, daß dies ist <u>gefahrlich</u>, besonders wenn es Kinder in der Familie <u>geben</u>, weil sie <u>brauchen</u> Raum <u>zu spielen</u> und <u>zu lernen</u>.

5   Ich gehe gern <u>im</u> Kino, weil es <u>is</u> sehr unterhaltend. Das <u>alltagsleben</u> ist so langweilig, <u>dass</u> es <u>scheint mich</u> sehr bedeutend <u>Filmen</u> zu sehen. Fernsehen ist auch unterhaltend, aber es gibt keine Atmosphäre <u>nach</u> Hause und viel <u>streit</u> zwischen den <u>Leute</u> – die <u>sehen fern</u>.

6   <u>Wann</u> ich zum <u>erstenmal</u> nach Deutschland <u>fuhrte</u>, <u>ich fand Alles</u> so anders. Das Wetter war viel <u>warmer</u>, die <u>Deutsche</u> – so freundlich und das Essen <u>schmackte mich</u> so gut. Und der Wein! Zuerst hatte ich <u>es</u> nicht so gern, aber endlich <u>trunk</u> ich lieber Wein als Kaffee!

7   Warum lernen wir <u>fremden</u> Sprachen? Wir <u>mußen</u> nicht vergessen, daß wir <u>sind</u> nicht nur <u>ein</u> Insel, <u>aber</u> auch ein Teil

<u>Europa</u>. Wir lernen Deutsch, _unsere <u>Nachbar</u> kennenzulernen und weil wir <u>diesen</u> Land besuchen wollen. Jedesmal <u>wann</u> ich eine Reise <u>nach</u> Ausland mache, <u>ich</u> <u>verstehe besser unseren</u> Partner in <u>dem</u> EU.

8 Der Begriff von ‚Fairplay' <u>muss</u> jetzt erklärt <u>sein</u>. Es ist ein Wort <u>was</u> sicherlich <u>hat</u> in England seinen Ursprung, sinnverwandt mit solchen <u>Spiele als</u> Fußball, Tennis, Cricket unter anderen. Das heißt, <u>das mann</u> ein Spiel ehrlich spielt und daß man verliert, wenn es <u>ist notig</u> und <u>bleibt</u> bei <u>guten</u> Laune.

9 Es hängt daher <u>ab</u> von dem Temperament, ob <u>ein</u> Person viel Fairplay <u>besizt</u> oder nicht. Die Untersylvaner zum <u>beispiel,</u> ob sie <u>Fussball, ihr</u> Lieblingssport, ernstlich oder dilettantisch betreiben, spielen oftmals sehr böse und <u>aggressivlich</u>. In diesem <u>fall</u> kann <u>Man</u> kaum von Fairplay sprechen.

10 Die Schule bereitet die Kinder auf das Leben mit anderen <u>Leute</u> vor und bietet Gelegenheiten für Sozialentwicklung. Die Kinder spielen und arbeiten zusammen und mit etwa dreißig <u>Kinder in die</u> Klasse <u>mussen</u> sie <u>geduld</u> haben. Auch <u>sie müssen</u> lernen, <u>zusammen arbeiten</u>, während es <u>nach</u> Hause <u>gibt</u> nur die Familie, die die Kinder treffen.

11 Am Anfang dieses <u>Jahrhundert haben</u> die Frauen unruhig über <u>ihrer</u> Stellung in der <u>gesellschaft</u> geworden. Eine Sache von <u>aüßerst</u>$^{×2}$ Wichtigkeit für diese Frauen war <u>Wahlrecht</u>. Sie <u>fordern</u> Gleichberechtigung mit den <u>Manner, als</u> eine Regierung <u>gewählt sein sollte</u>. Die Frauen <u>müssten</u>$^{×2}$ dieses Wahlrecht erkämpfen. Sie <u>brachen</u> ein bestimmtes <u>schwerwiegende</u> Argument <u>zu,</u> nämlich <u>das</u> sie ihren Wert im Krieg gezeigt hatten.

12 Musik ist für mich ein Heil. Nach zehn Stunden Arbeit hilft sie <u>mich</u>, mich <u>entzuspannen</u>. Ich spiele Klavier und ohne mein Klavier <u>hätte</u> ich verrückt geworden. <u>Spass</u> beiseite,

sollten <u>Sie mich</u> glauben, <u>als</u> ich das sage. Meine Musik ist <u>meine</u> Sicherheitsventil.

13 Die Struktur der Familie hat sich in <u>der lezten</u> siebzig <u>Jahre</u> drastisch von <u>dem</u> der traditionellen Großfamilie auf die der ‚Kernfamilie' <u>geandert</u>. Bis zur Jahrhundertwende war es wohl die Regel <u>ehe</u> als die Ausnahme, daß mehrere Generationen in <u>einen</u> Haushalt vereint waren. Besonders in <u>Stadten</u> ist <u>daß</u> heute wesentlich seltener der Fall.

14 Man findet in Deutschland drei Schularten; die <u>allgemeinbildende</u> Schulen, die <u>Faschschulen</u> und die Universitäten. Unter den allgemeinbildenden <u>Schule</u> befinden die Volksschule, die Mittelschule und die Oberschule. Im Gebiet der Fachschulen haben wir <u>Fachschule</u> für Ingenieurausbildung, Architektenausbildung und <u>Ähnliches</u>.

In Exercises 15–23 the errors are not underlined. Be careful not to visualise any of the material as correct before checking it.

15 Es war meine Pflicht ein Gebiet Deutschland auszusuchen und zu erklaren aus welchen Gründe ich eine Aufenthalt in dieser Gegend machen möchte. Wenn ich aber keineswegs eingeschrankt gewesen war, hatte ich lieber als erster Besuch eine Rundreise ausgewählt und am liebsten eine Rundreise per Fahrrad.

16 Dieser Aufsatz sollte versuchen, die Beziehung zwischen dem Individuum und der Gesellschaft zu erklaren. Um einen Beginn zu machen musste die Frage gestellt worden: inwiefern entsteht Kooperation und Zusammenarbeit durch Eigenutz und sein Gegenteil der Altruismus?

17 Die oben angeführte Punkte zusammenfassen, würde ich sagen, das die auf die Wirtschaft bezogenen positiven und negativen Argumente sich die Waage halten, wenn nicht

besondere nationale Verhaltniße das Gleichgewicht in die eine oder andere Richtung verschieben. In sozialer Hinsicht ist die Lager etwas anders.

18 Man darf anderseits nicht vergessen, daß unsere Begriffe von gut und böse, Strafe und Vergebung mit der cristlichen Lehre verknupft sind. Solange diese uns als Basis dient, sollten wir uns an der Lehre der Vergebung halten und nicht auf das Alte Testament – Auge um Auge, Zahn um Zahn – zurückgehen.

19 Wie kann mann diese Stellung nun zusammenfaßend bejahen? Wie aus die Behandlung der einzelnen Pünkte zu ersehen ist, gibt es auch Kranken, die ein schönes und zufriedenes Leben genießen können. Auf Grund der sozialen Umstellung aber ware es besser annehmen, daß dieser Gruppe allmahlich kleiner wird.

20 Auf die Frage auf welchem Gebiet eine Besserung als besonders vor dringlich angesehn ist, nannte 1975 and 1977 jeweils knapp zwei Drittel der Befragte Führungskräfte die wirtschaftlichen Verhaltnisse in der Bundesrepublik.

21 Diejenigen Berufe die die Deutschen am meisten schatzen, sind nicht ihre Traumberufe. Das hat das Meinungsforschinginstitut Allensbach bei einer Umfrage feststellt. Bei der Frage nach den am meisten Geschätzten, am höchsten geachteten Berufen antworteten 84 prozent der befragten Deutsche: ‚Artzt'. Danach folgte der Pfarrer und der Professor.

22 Der europäische Statistiker der die Zahlen mit eigenen Erfahrungen vergleichte, fand sich geneigt, sie weitgehend zu glauben, aber naturlich war diese Ergebniße anfechtbar. Eine Differenz von 1 bis 5 Punkten musste als moglicherweise irrelevant gelten, auf Zufälligkeiten beruhend oder auf Irrtümer.

Appendix A

Wörterverzeichnis

The vocabulary in this section is especially relevant to language essay-writing. If you master it, it will help you to improve the standard of your written work.

s. abfinden mit, *to come to terms with*

Abgang (m.), *departure, exit; leaving school*

abwägen, *consider*

ähnlich, *similar*

Albtraum (m.), *nightmare*

allerdings, *nevertheless*

allmählich, *gradually*

alternd, *ageing*

andererseits, *on the other hand*

s. ändern, *change*

angehören, *belong to*

Angehörige, *relatives*

Angestellte (r), *employee*

angewiesen (auf), *be dependent on*

Angriff (m.), *attack*

anhaltend, *continuous, sustained, persevering*

annehmen, *imagine, presume*

Annehmlichkeit (f.), *amenity, comfort*

anpassen, *suit, fit, adapt*

ansehen, *look at, regard*

ansetzen, *put up, put on*

anstreben, *strive for*

anstrengend, *strenuous*

Anstrengung (f.), *effort*

Arbeitnehmer (m.), *employee*

Arbeitslosigkeit (f.), *unemployment*

aufbringen, *provide; (Geld) raise*

Aufmerksamkeit (f.), *attention*

aufnehmen, *accept, put in, take up*

aufpassen, *watch, guard, mind (child), pay attention*

Aufsatz (m.), *essay*

aufwendig, *expensive, costly*

aufziehen, *bring up*

ausbauen, *extend*

s. auseinandersetzen mit, *have an argument with*

ausgeben, *spend*

Auslegung (f.), *explanation, exposition*

Auslese (f.), *selection*

Ausnahme (f.), *exception*

Ausnutzung (f.), *exploitation*

ausrotten, *eradicate*

Aussage (f.), *statement*

ausschlagen, *turn out; kick out; refuse*

ausschließlich, *exclusive(ly)*

Auswahl (f.), *choice, selection*

s. auswirken, *take effect*

bedauern, *regret*
Bedrohung (f.), *threat*
Bedürfnis (n.), *need, want, requirement*
beengt, *narrow, tight, cramped*
beeinflussen, *influence*
s. befinden, *(health) be, feel, be somewhere*
befreien, *free, liberate*
Begabung (f.), *aptitude, talent, endowment*
Begriff (m.), *idea, notion*
behandeln, *treat*
Behandlung (f.), *treatment*
beherbergen, *accommodate, shelter*
behindert, *disabled*
Beisammensein (n.), *being together, gathering*
beitragen, *contribute*
bekannt, *known*
belasten, *load, burden*
Belastung (f.), *load, burden*
bemerkbar, *noticeable*
s. bemerkbar machen, *make o.s. conspicuous*
bemerkenswert, *remarkable*
s. bemühen, *make an effort, trouble o.s.*
Benachteiligung (f.), *disadvantage, prejudice*
Benehmen (n.), *behaviour*
beobachten, *observe*
berücksichtigen, *to take into consideration*
beruhen (auf), *to rest on, be based on*
besagen, *mean, signify*

Beschäftigung (f.), *occupation*
beschließen, *close, conclude, determine*
beschneiden, *curtail, clip, cut*
beschränken, *confine, limit, restrict*
beseitigen, *remove*
besprechen, *discuss*
bestmöglich, *best possible*
Bestrafung (f.), *punishment*
bestrebt sein, *endeavour*
betrachten, *regard, contemplate*
Betrachtung (f.), *reflection, contemplation, view*
Betrieb (m.), *operation, concern, business*
betroffen, *concerned*
Bevölkerung (f.), *population*
bevorstehend, *imminent*
bewerten, *value*
beziehen auf, *refer to*
Beziehung (f.), *relation, reference*
Blickpunkt (m.), *focus, (in) full view*
Bürde (f.), *burden, load*
Bürger (m.), *citizen*
bürgerlich, *civil, middle-class*

Charakterzug (m.), *character trait*

dadurch, *by this means, through that*
dagegen, *on the other hand*
diesbezüglich, *in this respect*
drastisch, *drastic (ally)*
Dreiersystem (n.), *tripartite system*

Durchschnitt (m.), *average*

Ebene (f.), *plain, level*
ebenso, *just so, just as*
echt, *genuine*
ehemals, *formerly*
eigentlich, *proper, actual, true, real*
Eindruck (m.), *impression*
einflößen, *infuse, fill with*
eingangs, *in the beginning*
einrichten, *furnish, arrange*
Einsamkeit (f.), *loneliness*
einsetzen, *set in, put in; stake
    (money), install*
Einstellung (f.), *attitude*
einstufen, *classify, grade*
elterlich, *parental*
endgültig, *final(ly)*
entgehen, *evade, avoid*
s. entledigen, *rid o.s. of*
entlegen, *remote*
entschädigen, *compensate*
s. entschließen, *decide, determine*
entspringen, *originate, see
    entstehen*
enstehen, *originate, arise, come
    into being*
s. entwickeln, *develop*
Entwicklung (f.), *development*
erfassen, *seize, catch; register,
    record*
Erfolg (m.), *success*
s. ergeben, *surrender*
Ergebnis (n.), *result*
Erkenntnis (f.), *realisation*
erklären, *explain, declare*
Erlaß (m.), *decree*

ermöglichen, *make possible, enable*
Ernte (f.), *harvest*
erörtern, *discuss*
erregen, *excite*
Erscheinung (f.), *publication,
    appearance*
erschließen, *open, open up*
erschweren, *render more difficult*
ersehen aus, *gather, learn from*
ersehnen, *long for*
ersetzen, *replace*
ersparen, *save (money, pain,
    annoyance)*
s. erstrecken, *extend*
erträglich, *bearable*
Erwägung (f.), *consideration*
erwähnen, *mention*
erzeugen, *produce, create*
Erziehung (f.), *education*
etliche, *several*

fähig, *able, capable*
Folge (f.), *sequence, consequence*
folgendermaßen, *as follows*
fördern, *further, advance, promote*
Fortschritt (m.), *advance,
    improvement*
frühzeitig, *early*
Für und Wider (n.), *for and
    against, the pros and cons*
Fürsorge (f.), *care, welfare*

Gebiet (n.), *area*
Gebrauch (m.), *use*
Gedankengang (m.), *train of
    thought*
geeignet, *suited, suitable*

Gegend (f.), *region*
Gegenteil (n.), *opposite*
gegenüberstellen, *contrast*
geistig, *mental(ly)*
geistig beieinander (coll.),
  mentally sane
gelangen, *reach, achieve*
Gemeinschaft (f.), *community*
gerecht (werden), *just, (do justice)*
gering, *little, small*
Gesamtwohl (n.), *general welfare*
geschichtlich, *historical(ly)*
Gesellschaft (f.), *society*
gesellschaftlich, *social*
Gespräch (n.), *discussion, talk*
Gewalt (f.), *violence, power, force*
Gewicht (n.), *weight*
gewinnen, *gain, win*
gleichgestellt, *equal (status)*
Gleichgewicht (n.), *equilibrium*
Gleichheit (f.), *equality*
gleichzeitig, *at the same time*
großenteils, *largely*
größtmöglich, *as large as possible*
Grund (m.), *reason, foundation*
gültig, *valid*

hauptsächlich, *principally, mainly*
Haushalt (m.), *household;*
  (Staats-) *budget*
Heim (n.), *home; nursing home*
heimisch, *homely; home-*
  (production)
heranziehen, *pull up; bring in*
hervorrufen, *cause, call forth*
hinausschieben, *delay,*
  procrastinate

hingegen, *on the contrary*
Hinsicht (f.), *regard, respect*
Höhepunkt (m.), *climax*
Hürde (f.), *hurdle*

innerhalb, *within*
inwiefern, *how far*

jahrelang, *for years*
Jahrgang (m.), (Menschen, Tiere)
  age, year-group; (Zeitschrift),
  annual set
Jahrhundertwende (f.), *turn of the*
  century

klären, *clarify*
Kleinkind (n.), *toddler*
körperlich, *physical(ly)*

längst, *long ago, long since*
Last (f.), *burden*
laut (+ gen.), *according to*
Lebensbereich (m.), *life-space*
Lebenshaltung (f.), *living*
  standard
lediglich, *solely, merely*
leiten, *lead, conduct*
Leistung (f.), *achievement*
Leistungszug (m.), (Schule) *set*
Lesestoff (m.), *reading matter*
(zugrunde) liegen, *be at the basis*
  of

Mangel (m.), *lack, want, deficiency*
Maßnahme (f.), *measure*
menschenfreundlich,
  humanitarian

menschlich, *human(ly)*
meßbar, *measurable*
mildern, *alleviate, soften, mitigate*
Minderheit (f.), *minority*
minderwertig, *inferior*
Minderwertigkeitsgefühl (n.),
    inferiority complex
Mischung (f.), *mixture*
Möglichkeit (f.), *possibility*
Muße (f.), *leisure*

Nachteil (m.), *disadvantage*
(dazu) neigen, *be inclined to*
notwendig, *necessary*
Notwendigkeit (f.), *necessity*
Notzustand (m.), *emergency
    situation*
Nutzen (m.), *use*
Nützlichkeit (f.), *usefulness*

obig, *above*
s. offenbaren, *open up, show o.s.*

Pensionierung (f.), *retirement*
praktisch, *practical(ly)*
profitieren, *profit*
prozentual, *percentage-wise*
Prüfung (f.), *examination*

Rahmen (m.), *frame (work)*
Rechnung tragen, *take account of*
s. rechtfertigen, *justify o.s.*
regelmäßig, *regular(ly)*
richten auf (+ acc.), *level, point,
    direct*
Richtung (f.), *direction*
rücken, *shift*

ruheständig, *retired, in retirement*
Ruhestand (m.), *retirement*
Ruhm (m.), *fame*
rüstig, *fit, well preserved (old
    people)*

(etwas) satt haben, *be fed up with
    something, have enough of*
schaffen, *create, work, make*
schalten und walten, *be busy; deal
    with*
schätzen, *estimate, esteem*
Schluß (m.), *closure, end*
Schülerschaft (f.), *body of pupils*
Schutz (m.), *protection*
schwerwiegend, *weighty, grave*
seelisch, *psychic (al), concerning
    the mind*
Selbständigkeit (f.), *independence*
sinnvoll, *sensible*
solange, *as long as*
somit, *consequently*
Spannung (f.), *tension*
Spätentwickler (m.), *late developer*
Standpunkt (m.), *point of view*
starr, *rigid, inflexible*
stempeln, *stamp; (colloquial)
    collect the dole*
Sterblichkeit (f.), *mortality*
Streit (m.), *quarrel*

Tätigkeit (f.), *activity, occupation*
tatkräftig, *active*
Tatsache (f.), *fact*
täuschen, *deceive*
teilweise, *partly*
Tortur (f.), *torture, hardship*

Treffpunkt (m.), *meeting point*
trennen, *separate*
Tüchtigkeit (f.), *efficiency*

überflüssig, *superfluous*
überfordern, *overtax, overcharge*
übersehbar, *possible to*
    survey/overlook
übertrieben, *exaggerated*
überwechseln, *change over*
überwinden, *overcome*
üblich, *usual*
Umgebung (f.), *surroundings*
umhin können, *be able to avoid*
Umlauf (m.), *circulation*
Umstellung (f.), *change,*
    transposition
umwerben, *court*
unangebracht, *unsuitable*
unbedeutend, *insignificant*
ungeachtet, *not esteemed;*
    regardless
unmittelbar, *immediate(ly)*
unschätzbar, *invaluable*
Unstimmigkeit (f.), *discord*
Unternehmen (n.), *enterprise*
unternehmen, *take on*
Unterricht (m.), *tuition,*
    instruction, teaching
unterschätzen, *undervalue*
Unterschied (m.), *difference*
Unterstützung (f.), *support*
untersuchen, *investigate*
unterteilen, *divide*
unumgänglich, *unavoidable*
unvermeidlich, *inevitable*
unwichtig, *unimportant*

unzureichend, *insufficient*
Ursache (f.), *cause*

verändert, *changed, altered*
Veranstaltung (f.), *event, meeting*
verantwortlich, *responsible*
verbessern, *improve, correct*
verbinden, *join, unite; be obliged to*
vereinen, *unite, combine*
verfallen, *decay*
verfügbar, *available*
Verfügung (f.) (zur V. stehen),
    availability (be available)
Vergebung (f.), *forgiveness*
Vergleich (m.), *comparison*
Vergleichstellung (f.), *comparison*
Verhältnis (n.), *proportion, ratio,*
    means
verhältnismäßig, *proportional,*
    comparative(ly)
verhelfen zu, *help a person to*
verhindern, *prevent*
verkommen, *decay, go to ruin, go*
    down in the world
verknüpft, *connected, interwoven*
verlegen, *to shift, change;*
    embarrassed
verlockend, *enticing*
Verlust (m.), *loss*
vermitteln, *mediate, arrange*
vernachlässigen, *neglect*
Verschandelung (f.), *defacement*
verschieben, *postpone*
verschieden, *different*
s. verschlechtern, *worsen,*
    aggravate
Versorgung (f.), *provision*

s. selbst versorgen, *look after o.s.*
Verständigung (f.),
  communication
Verständnis (n.), *understanding,*
  comprehension
Versuch (m.), *trial, attempt*
verteilen, *distribute*
vertiefen (in), *deepen, (be absorbed*
  in)
Vertrauen (n.), *trust, confidence*
Vertrauenslehrer (m.), *trust-*
  teacher = form-teacher
s. vertraut machen mit, *make o.s.*
  acquainted with
Vertreter (m.), *representative*
verursachen, *cause*
verurteilen, *condemn*
verwirklichen, *realise*
verwunderlich, *remarkable*
verzweifeln, *despair*
vollbringen, *accomplish*
vollziehen, *carry out*
voraussehen, *anticipate*
Voraussetzung (f.), *assumption,*
  (pre)supposition
Vorbereitung (f.), *preparation*
Vorbild (n.), *example*
Vordergrund (m.), *foreground*
vorgehend, *foregoing, above*
vorhanden, *existing*
s. vorkommen, *feel o.s. to be*
vorrücken, *advance*
Vorteil (m.), *advantage*

Waage (f.), *scales*
wachsen, *grow*
Wahl (f.), *choice, election*
weiterhin, *furthermore, in future*
Wesen (n.), *being, essence*
wesentlich, *essential*
Wettbewerb (m.), *competition*
wirksam, *effective*
wirtschaftlich, *economic*
wohlbemittelt, *well-off*
Wohlwollen (n.), *goodwill*
wünschenswert, *desirable*

zahlenmäßig, *numerical(ly)*
Zeiterscheinung (f.), *sign of the*
  times
zerfallen, *decay, fall to pieces (into*
  ruin)
zumindest(ens), *at least*
zunehmen, *increase*
Zusammenfassung (f.), *resumé,*
  summary
zusammenfassen, *summarise*
zusammengehörig, *belonging*
  together
Zuschauer (m.), *spectator*
zusätzlich, *additional(ly)*
Zustand (m.), *state, condition*
zuteil werden, *fall to a p.'s share*
zutreffen, *be right/true*
zweischneidig, *double-edged*

Appendix B

Essay Phraseology

Sentence leaders and link phrases

In der Tat ...	*In fact ...*
In Wahrheit ...	*Truly/in fact ...*
Vereinfacht gesprochen ...	*Put simply ...*
Vor allem ...	*Above all ...*
In mancher Beziehung ... } In vielen Beziehungen ... }	*In many respects ...*
In diesem Zusammenhang ...	*In this context ...*
Mit Bezug darauf/ diesbezüglich ...	*With regard to this ...*
Infolge (+von or gen.) ...	*As a result of ...*
Folglich/infolgedessen/ weswegen ...	*Consequently/on account of which ...*
Was es betrifft (anbelangt) ...	*As far as this is concerned ...*
Aus diesem Grund ...	*For this reason ...*
Historisch gesehen ...	*Viewed historically ...*
In sozialer Hinsicht ...	*In a social context ...*
Bei weiterer Überlegung ...	*On further consideration ...*
Wenn man alles in Betracht zieht ...	*Everything considered ...*
Wie eingangs erwähnt ...	*As (was) mentioned at the beginning ...*
Wie oben gesagt (erwähnt) ...	*As stated (mentioned) above ...*
Wie der Name besagt ...	*As the name implies ...*
Bei dieser Gelegenheit ...	*On this occasion ...*
Wenn sich die Gelegenheit bietet ...	*If the occasion arises ...*
Auf Grund dieser Auslegung ...	*Based on this interpretation ...*
Der zweite Grund aus dem ...	*The second reason for which ...*
Handelt es sich hier um ...	*Here, is it a question of ...*

Die Aufgabe besteht darin, …	*The task is to …*
Damit berühren wir den Bereich des …	*This touches on …*
Bei der Verfolgung dieses Zieles …	*In pursuing this aim …*

Es liegt auf der Hand, daß … Es springt ins Auge, daß …	*It is obvious that …*
So ist es dann kein Wunder, daß …	*It is therefore hardly surprising that …*
Es ist leicht zu ersehen, daß …	*It is easy to see that …*
Ist es also verwunderlich, daß …?	*Is it any wonder that …?*

Dies will nicht heißen, daß …	*This does not mean that …*
Man muß zu der Überzeugung kommen, daß …	*One must come to the conclusion that …*
Man gewinnt häufig den Eindruck, daß …	*One frequently obtains the impression that …*
Der Unterschied besteht lediglich darin, daß …	*The difference lies solely in the fact that …*
Dieses Ereignis steht im Schatten des …	*This event is overshadowed by …*

Im Gegenteil, …	*On the contrary …*
Genau das Gegenteil, ist …	*Exactly the opposite is …*
In seiner Lage …	*In his place …*
Zu seinem Vorteil ist …	*To its advantage is …*
Dabei sehr im Nachteil steht …	*Greatly disadvantaged by this is …*
Ihm zum Nutzen ist …	*To his (its) advantage is …*
Um dieser Aufgabe gerecht zu werden …	*To do justice to my theme …*
Dies ist ein typisches Beispiel für …	*This is a typical example of …*
Um zu einer Antwort zu gelangen …	*To obtain an answer …*

Es dürfte nicht unangebracht sein ...	*It might not be inappropriate ...*
Inzwischen wäre es nicht unumgänglich ...	*In the meantime it might not be absolutely necessary to ...*
Hier entsteht die Frage ob ...	*The question arises here as to whether ...*
Ihm zugrunde liegt die Erkenntnis, daß ...	*It has as its basis/arises out of the knowledge that ...*
Von geringer Bedeutung scheint ...	*Of little importance seems to be ...*
Laut seinen Verteidigern steht fest, daß ...	*According to its supporters there is no denying that ...*
Zum Schluß/schließlich ...	*Finally (in conclusion) ...*
Wie dem auch sei ...	*However that may be ...*
... spielt (k)eine große Rolle.	*... plays an (a not very) important part.*
Man könnte sagen/behaupten/ meinen daß ...	*One might say/assert/think that ...*
Ich bin davon überzeugt, daß ...	*I am convinced that ...*
Ich möchte überhaupt betonen ...	*I would generally like to stress ...*
Ich beabsichtige (nicht), ...	*I do (not) intend to ...*
Sie sind Zeichen dafür, daß ...	*They are a sign that ...*
Niemand kann leugnen, daß ...	*No one can deny that ...*
Es ist ein wichtiges Faktum, daß ...	*It is an important fact that ...*
Wenig sinnvoll wäre es, ...	*It would make little sense ...*
Worauf es nun ankommt, ist ...	*What is now needed is ...*
Gerade diese Eigenschaften sind es, die ...	*It is exactly these qualities that ...*
Das gilt auch für ...	*The same applies to ...*
Es ist üblich geworden ...	*It has become the custom ...*
Der Eindruck verstärkt sich, daß ...	*One has the increasing impression that ...*
Nicht minder wichtig erscheint jedoch, daß ...	*Of no less importance, however, is the fact that ...*

Time, length, duration

Alle vier Jahre	*Every four years*
Während der letzten Zeit	*In recent times*
Mehr als in früheren Zeiten	*More than in former times*
Im Laufe des Jahres (Jahrhunderts, der Zeit)	*In the course of the year (of the century, of time)*
Um die Jahrhundertwende	*Around the turn of the century*
Von der Steinzeit	*From the Stone Age*
Durchs Mittelalter	*Through the Middle Ages*
Bis zur Neuzeit	*Right up to modern times*
Bei Schulabgang	*On leaving school (i.e. school leaving age)*
Bei späterer Gelegenheit	*At a later opportunity*
Nach einem Leben im Großbetrieb	*After a life spent in a large factory*
Jahr für Jahr	*Year by year*
Es geht ins dritte Jahr, daß . . .	*It is two to three years since . . .*
Übers Jahr	*A year hence*
Vor Jahr und Tag	*A long time ago (quite a year ago)*
Seit undenklichen Jahren	*Time out of mind*
Von jeher	*From time immemorial*
Es ist an der Zeit	*The time (moment) has come*
Es ist früh an der Zeit	*It is too early*
Auf eine kurze Zeit	*For a short time*
Außer der Zeit	*Out of season*
In den Zeiten der griechischen Herrschaft	*When the Greeks held sway*
Es ist die höchste Zeit	*It is high time*
In jüngster (neuester) Zeit	*Quite recently*
Im gleichen Maße	*In the same measure*
In geringem Maße	*In small measure*
Mehr denn je	*More than ever*
Obendrein	*Over and above*

Leaders into important and revealing statements

Was am meisten auffällt, ist, daß . . .	*What is most striking is that . . .*

Auf eine ähnliche Weise enthüllend ist ...	*Similarly revealing is ...*
Am auffallendsten ist zweifelsohne ...	*Most striking is undoubtedly ...*
Auffallend ist hier, daß ...	*The striking thing here is that ...*
Von allgemeiner Bedeutung sind ...	*Of general importance are ...*
läßt sich weltweit beobachten ...	*can be seen worldwide ...*
Der Unterschied zwischen ...	*The distinction between ...*
Sie legen großen Wert auf ...	*They place great value on ...*
... wird als wichtig angesehen	*... is seen as important*
Die Ursachen des ... treten heute stärker in Erscheinung	*The causes of the ... are more in evidence today*
In der schwierigen Lage, wo wir uns jetzt befinden ...	*In the difficult position in which we now find ourselves ...*
Gerade darum ...	*For that very reason ...*
... ist eine Begründung, die man berücksichtigen muß	*... is a reason (motive) one must take into account*
... ist eine Sache von äußerster Wichtigkeit	*... is a matter of the utmost importance*
... ist eine Sache von höchstem Belang	
... handelt von weltumfassenden Problemen	*... deals with universal problems*

Paragraph leaders

Um dem Titel gerecht zu werden ...	*To do justice to the title ...*
Dieser Aufsatz sollte versuchen, die Beziehungen zwischen ... und ... zu klären	*This essay should attempt to clarify the relationship between ... and ...*
Dieser Titel ist für mich nicht nur eine theoretische Angelegenheit	*For me this title is not just a theoretical question*
Ich will mich bemühen, kurz zu erklären, wie ...	*I will attempt to explain briefly how ...*
Wie könnte man die oben gestellte Frage beantworten?	*How might one answer the question posed above?*

Diese Frage ist heute ein oft erörtertes Thema	*Today this question is a frequent subject of debate*
Welche Vorteile gibt es für . . . ?	*What are the advantages of . . . ?*
Der Rahmen dieses Aufsatzes erlaubt nur eine kurze Zusammenfassung der Ursachen	*The scope of this essay will only allow a brief summary of the causes*
Ich möchte hier lieber meine wirkliche Meinung aufzeichnen	*I would prefer to record my own opinion here*
Ist die Olympiade ein Weg zur Völkerverständigung?	*Are the Olympics a way towards international understanding?*
Die Ursachen könnte man am besten in zwei Arten unterteilen	*The reasons might be best divided into two kinds*
Welche Maßnahmen wären zu unternehmen, um dieses Ziel zu erlangen?	*What measures should one adopt to achieve this aim?*
Nicht zu vergessen ist allerdings die Tatsache, daß . . .	*Not to be forgotten, however, is the fact that . . .*
Eine andere Maßnahme, die als Hilfsmittel wirken könnte, wäre . . .	*Another measure which might serve to help would be . . .*
Zusätzlich müßte man sich aber auch fragen . . .	*Additionally one would also have to ask oneself . . .*
Zu dem oben erläuterten Dilemma kommt hinzu, daß . . .	*To the problem set out above should be added that . . .*
Wenn diese beiden Voraussetzungen nicht gegeben sind . . .	*If both these conditions are not met . . .*
Aus der obigen Vergleichstellung ist zu ersehen . . .	*From the above comparison it may be seen . . .*
Diesbezüglich verbleibt nur die Lösung . . .	*In relation to this there only remains as a solution . . .*

Es ist schwierig, Gründe anzuführen, die die Aussage des Titels unterstützen	*It is difficult to find arguments that will support the theme of the title*
Wir könnten das Problem aber auch in ein anderes Licht setzen	*We could however look at the problem in a different light*
Wie aus der Behandlung der einzelnen Punkte zu ersehen ist . . .	*As may be seen from the way in which the individual points are treated . . .*
Jedem der angeführten Vergleiche liegen . . . zugrunde	*. . . are the basis of each of the comparisons quoted*
Die oben angeführten Punkte zusammenfassend, . . .	*To summarise the above points . . .*

Points of comparison and balancing statements

Da ist auf der einen Seite . . .	*There is on the one hand . . .*
Als Vergleich dazu sei erwähnt, daß . . .	*As a point of comparison one might mention that . . .*
Es ist ein Balanceakt zwischen Ideal und Wirklichkeit	*It is a balancing act between ideal and reality*
Die Schweizer sind da ganz anderer Ansicht	*On this the Swiss are of an entirely different opinion*
Das trifft mehr auf Männer als auf Frauen zu	*That is more the case with men than with women*
Andere hingegen . . .	*Others, however, . . .*
Mir wird eine andere Seite gezeigt	*Another side is revealed to me*
Die Argumente beider Seiten tragen ähnlich viel Gewicht	*The arguments of both sides carry similar weight*
Dies ist oft ein zweischneidiges Schwert	*This is often a double-edged sword*
Es bietet keine wesentlichen Vorteile dem anderen System gegenüber	*It offers no significant advantages over the other system*
Ähnlich wie in dem alten System . . .	*Similarly to in the old system . . .*

Ich glaube, es ist nicht alles schlecht an diesem . . .	*I believe not everything about this . . . is bad*
. . . haben ihre guten Seiten	*. . . have their good points (sides)*
Es war die Regel eher als die Ausnahme	*It was the rule rather than the exception*
Die Gründe dafür sind auf einem anderen Gebiet zu suchen	*The reasons for this should be sought elsewhere*
Anhänger und Kritiker führen viele Gründe zur Unterstützung ihrer Argumente an	*Supporters and critics produce many arguments in support of their thesis*
Es macht sich aber bemerkbar, daß . . .	*It becomes noticeable, however, that . . .*
Ich werde die Umstände gegeneinander abwägen	*I will weigh up the circumstances one against the other*
Das ist heute seltener der Fall	*That is less often the case today*
Es zieht unsere Glaubwürdigkeit in Zweifel	*It casts doubts on our credibility*
Es bringe unabsehbares Elend	*It may bring incalculable misery*
Beträchtliche Schwierigkeiten bleiben noch zu klären	*There are considerable difficulties still to be resolved*
Bis heute hat sich wenig geändert	*Little has changed to the present day*
Jeder, der Untersylvanien kennt, weiß wovon sie reden	*Anyone who knows Untersylvania knows what they are talking about*

General approval and positive comment

Es leistet erhebliche Beiträge zu . . .	*It is making an important contribution to(wards) . . .*
Diese Bemühungen haben zu ersten Erfolgen geführt	*These efforts have led to initial successes*
Sie haben erste Schritte auf diesem Wege unternommen	*They have taken the first steps in this direction*
Man ist auf dem Wege es zu überwinden	*It is on the way to being overcome*
Fortschritte in der Medizin ermöglichen es heute . . .	*Progress in medicine allows us today . . .*
Wir haben es besser heute als früher	*We have it better today than in the past*

Der Begriff ist äußerst wünschenswert	*The concept is an extremely desirable one*
Dieses Bestreben ist zur Wirklichkeit geworden	*These efforts have become reality*
Die Nachteile können allerdings gemildert werden	*The disadvantages can however be tempered*
Dank verbesserter Hygiene	*Thanks to improved hygiene*
Der Friede in der Familie ist uns so viel wert	*Family harmony is so important to us*
Wir müssen den größtmöglichen Nutzen daraus ziehen	*We must use it to the best possible advantage*
Ich erhoffe mir Freiheit von dem Rad	*I expect the bike to give me freedom*
Es befriedigt meine Bastellust	*It satisfies my do-it-yourself mania/mania for tinkering*
Manche Schwierigkeit wird im Gespräch beseitigt	*Many a difficulty is eased by talking about it (approx = 'A trouble shared is a trouble halved')*
Es fehlt uns nicht an Bürgersinn, Gemeinschaft und Nähe zum Nächsten	*We do not lack public spiritedness, neighbourliness and a sense of community (cf. German order)*
Eine Art Selbst- und Gegenseitigkeitshilfe ist auch geplant	*A form of mutual and self-help is also planned*
Es gibt etwas für jeden Geschmack	*There is something for every taste*

General disapproval and negative comment

Die Nachteile verschlechtern die Lage	*The disadvantages (drawbacks) make the situation worse*
Es kann leicht dazu kommen	*It can easily come to that*
Dies führt zu Krisen	*This leads to crises*
Zu unserem Schaden . . .	*To our detriment (misfortune) . . .*
Doch gibt es auch kritische Stimmen	*However, there are also critical voices*

Man sollte der Versuchung widerstehen	*One should resist the temptation*
Viele Erwartungen gehen nicht in Erfüllung	*Many expectations are not met*
Ein Ende ist nicht abzusehen	*There is no end in sight*
Es erwies sich als falsch	*It proved to be wrong*
Man sollte ... mit einem gewissen Argwohn betrachten	*One should regard ... with a certain suspicion*
Es gibt keinen Anlaß zu einem großen Optimismus	*There are no grounds for any great optimism*
Wenn man alle nachteiligen Argumente berücksichtigt	*If all the unfavourable arguments are taken into consideration*
Hauptverantwortung für diese Lage liegt bei ...	*The major responsibility for this situation rests with ...*
Erwartungen können nicht erfüllt werden	*Expectations cannot be fulfilled*
Auf Grund der letzten tragischen Erfahrungen	*As a result of recent tragic experience*
Mit Gutmütigkeit allein kann man Krisen nicht meistern	*Crises are not to be overcome by good nature alone*
Das Fernsehen – Geißel des Jahrhunderts?	*Television – scourge of the century?*
Es beschneidet die Freiheit des Einzelnen	*It infringes upon the freedom of the individual*
Ist diese Methode ein Eingriff in die Persönlichkeit?	*Is this method an infringement upon the individual personality?*
Öffnet diese neue Methode nicht dem ... Tür und Tor?	*Does not this new method open the floodgates to ... ?*
Diese Meinung ist oft negativ bewertet	*This opinion is often a negative one*
Der Durchschnittsbürger ist bis zum Halskragen überlastet	*The average citizen is taxed to his ears* (überlastet *lit.* = *overburdened*)
Es ist eine Technik, die einer Diktatur würdig ist	*It is a technique worthy of a dictatorship*

Problems – Local, national and international

Leben wir über unsere Verhältnisse?	*Are we living beyond our means?*
Es muß wohl als eine Zeiterscheinung betrachtet werden	*It ought to be seen as a contemporary phenomenon*
Dieses Problem rückt immer mehr in den eigentlichen Lebensbereich	*This problem impinges more and more upon life itself*
Die am stärksten Betroffenen sind diejenigen, die . . .	*Those most hit are those who . . .*
In Krisenzeiten trinken wir gelassen unseren Tee	*In times of crisis we sit calmly drinking our tea*
Diese Frage ist heute so in den Vordergrund gerückt	*Today this question has come very much to the forefront*
Diese ideale Situation tritt leider oft nicht ein	*Unfortunately this ideal situation does not often occur*
Wie kann eine Verbesserung verwirklicht werden?	*How can an improvement be brought about?*
Wir sollten den unterentwickelten Ländern unter die Arme greifen	*We should lend a helping hand to the under-developed countries*
Die Furcht vor der Bombe hat die EU-Länder in die Verantwortung gezwungen	*Fear of the bomb has imposed a sense of responsibility on the EC countries*
Das kommt in der Bereitschaft aller Länder eng zusammenzuarbeiten	*This can be seen from the readiness with which all nations are closely cooperating*
Eine so offene Gesellschaft wie die der Bundesrepublik muß sich harter Kritik stellen	*A society as open as that of the Federal German Republic must be ready to face harsh criticism*

General expression for economic and sociological topics

Der Anlaß ist soziologischer Art	*The cause is of a sociological nature*
Die erste Hürde ist finanzieller Art	*The first hurdle is of a financial nature*
Auf Grund der sozialen Umstellung	*As a result of the social revolution*

Rechtfertigen die Ergebnisse diesen Riesenaufwand?	*Do the results justify this gigantic expenditure?*
Kosteneffektiv ist diese Maßnahme sicher nicht	*This measure is certainly not cost-effective*
Es ist zu einem Symbol der Strukturkrise unserer Wirtschaft geworden	*It has become a symbol of the structural crisis in our economy*
Auf dem Höhepunkt der Wirtschaftskrise	*At the climax of the economic crisis*
Ein ausgesprochener Wachstums pessimismus herrscht	*A decided pessimism over growth prevails*
Hier scheint sich eine alte ökonomische Lebensregel zu bewähren	*Here an ancient rule of economic life seems to pertain*
Eine große Nachfrage kurbelt die Wirtschaft an	*Large-scale demand stimulates the economy*
Der Marktmechanismus bietet keinen Ausweg	*The market mechanism offers no way out*
Dieser Zustand wird oft durch . . . erschwert	*This condition is often made worse by . . .*
Immer wieder treten Finanz und Ideale einander gegenüber	*Time and again finance and ideals clash*
Inwiefern profitiert die Wirtschaft?	*How far does the economy profit?*
Etliche Länder versuchen wirtschaftlichen Nutzen daraus zu schlagen	*Some/several countries try to obtain economic advantage from it*
Zusätzlich zu ökonomischen Maßnahmen wie Steuererleichterungen	*In addition to economic measures like tax-relief*
Es trägt Unsicherheit in die Wirtschaft hinein	*It brings uncertainty into the economy*
Sie reagieren empfindlicher auf politische Entwicklungen	*They react more sensitively to political developments*
Die Gesellschaft an sich hat sich gewandelt	*Society in itself has changed*

Die Gesellschaft erkennt diesen Notzustand	*Society recognises this plight*
Vom sozialen Standpunkt aus gesehen	*Seen from the social standpoint*
Auf soziologischer Ebene	*On a sociological level*
Es ist eine verhältnismäßig neue Erscheinung in der Erziehungsgeschichte	*It is a relatively new phenomenon in the history of education*
Ungeachtet seiner häuslichen Verhältnisse	*Regardless of his home circumstances*
Er kommt mit einer Benachteiligung zur Schule	*He comes to school under a disadvantage*
Es strebt eine Chancengleichheit an	*It strives to achieve equality of opportunity*
Der Punkt ist teilweise gesellschaftlich bedingt	*The point (under discussion) is partly conditioned by society*
Humanitäre Betrachtungen müssen sich mit dem Schutz der Gesellschaft befassen	*Humanitarian considerations must take into account the need to protect society*
Als Schutzmaßnahme ist es nicht zu unterschätzen	*As a protective measure it is not to be underestimated*
Diese Freiheit wirkt sich nachteilig für die Männer aus	*This freedom works to men's disadvantage*
Das Zusammenleben in einer Gemeinschaft ermöglicht Fortschritte	*Living together in a community brings progress*

Reports, studies, polls, statistics

Die Studie erweist eindeutig . . .	*The study shows clearly . . .*
Es ergab sich auf Grund dieser Untersuchungen, daß . . .	*On the strength of these investigations, it happened that . . .*
Dicht dahinter folgte . . .	*Close behind followed . . .*
Diese Zahlen machen deutlich wie . . .	*These figures show clearly how . . .*
Gefragt wurden die Nationen Europas	*The countries of Europe were asked*
Über die Hälfte der Befragten . . .	*Over half those asked . . .*

Rund ein Drittel der Befragten ...	*Around a third of those asked ...*
Nach Testergebnissen ...	*According to the results of the investigation ...*
Prozentual auf die Bevölkerung verteilt ...	*Expressed as a percentage of the population ...*
Diese Zahlen dienen uns als Basis ...	*These figures serve us as a basis ...*
Neun von zehn stammen aus ...	*Nine out of ten stem from ...*
Die Schätzungen schwanken zwischen einem und zwanzig Prozent	*Estimates range between one and twenty percent*
Noch folgenschwerer ist es, daß ...	*Of even more significance in its consequences is the fact that ...*
Mit Blick auf die Ziffern, zweifeln wir, ob ...	*Looking at the figures, we doubt whether ...*
Nicht berücksichtigt ist bei dieser Rechnung freilich, daß ...	*Of course, we have not taken into account in this calculation that ...*
Je nach geographischem Standort ...	*According to geographical location ...*
Die Kontraste zwischen ... sind am stärksten in ...	*The contrasts between ... are strongest in ...*
Im Auftrag der Europäischen Kommission	*On behalf of the European Commission*
Welche Schlußfolgerungen lassen sich aus diesen Untersuchungen ziehen?	*What final conclusions are to be drawn from these investigations?*

Concluding statements

So also setzt sich unser Deutschlandbild zusammen	*This, then, is how our picture of Germany is put together*
Einfache Rezepte gibt es nicht	*There are no easy recipes*
Wir sollen uns nicht in diese Falle locken lassen	*We should not allow ourselves to fall into this trap*
Die Größe der Gefahr ist nicht zu übersehen	*The magnitude of the danger is not to be underestimated (overlooked)*
Das letzte Wort soll ... nicht haben	*We shall not leave the last word to ...*

Kein sehr beglückendes Bild; aber wohl ein recht treffendes	*Not a very cheerful picture, but a striking one, indeed*
Nur auf der Grundlage gegenseitigen Vertrauens sind die großen Probleme der Zukunft gemeinsam zu bewältigen	*Only on the basis of mutual trust can the great problems of the future be jointly overcome*
Demokratie, so sagte einmal ein englischer Schriftsteller, sei wie ein Floß in bewegter See. Es könne nicht untergehen aber man habe ständig nasse Füße	*An English writer once said that democracy is like a raft in a rough sea – it cannot sink, but one always has wet feet*
Man darf sich mit dem Erreichten nicht zufrieden geben	*One must not be content with what has so far been achieved*
Aber das war eine ganz andere Zeit!	*But those were quite different times!/that was another age!*
Für ... kam jede Warnung zu spät	*For ... any warning came too late*

Appendix C

Essay Papers

The essay papers in this Appendix provide a reasonably representative sample of the type of topics set for Advanced examinations.

Read through one essay paper, chose a single title from it and begin by merely writing an introductory and concluding paragraph. Then move to another paper, select a title and write three paragraphs of 8–12 lines from what would have been the main body of a full essay. Work in this manner, producing partial essays until you are confident of increasing fluency in your writing and can start producing complete compositions.

In the early stages work with a German–English dictionary and a *Stilwörterbuch*, if available, together with Appendices A and B. After a few weeks of working with this method, try to make yourself remember the phraseology you have culled from previous work and adapt it to your current topic. When you have applied yourself thus for several months, begin to think of writing an essay with no help except from the *Stilwörterbuch*. Finally, isolate yourself with no books for $1\frac{1}{2}$ hours and see what you can produce.

Essay coding

The essay titles in this Appendix are coded according to the classifications discussed on page 22 of Chapter 3. The classifications are repeated below for ease of reference:

A   A contemporary problem or scene
B   A moral issue
C   Visits to and interest in a German-speaking country
D   The cultural or social background of a German-speaking country
E   A socio-political question
F   A socio-economic question
G   A philosophical question

H Literature and the arts (their justification/your interest in)
I Hobbies and pastimes
J Sport

Paper 1	**Category**
a Das Schulleben im Vereinigten Königreich ist ein schönes Leben.	A
b Schildern Sie Ihren idealen Beruf.	G
c Die Vorteile und Nachteile der Mitgliedschaft Deutschlands in der EU.	F
d Warum ausgehen? Ich lese lieber!	I
e Wie trägt der Sport zur Entfaltung der Persönlichkeit bei?	J
f Halten Sie es für verantwortlich, viel Geld verdienen zu wollen?	B
g Die Wiedervereinigung und ihre Folgen.	D

Paper 2

a Weshalb gehen wir noch ins Theater?	H/I
b ‚Der Sport, ernst betrieben, hat nichts zu tun mit Fairplay.‘ (*George Orwell*)	J
c Die deutsche Wirtschaftskrise.	A/F
d Wie bereitet die Schule auf das Leben vor?	A/G
e Warum betrachten wir jetzt die Entwicklung der BRD in der Ära Adenauer als Muster der Stabilität?	E/F
f Deutsch lernen? Die Kinder können kaum Englisch sprechen!	A/G
g Gewalt in der Gesellschaft.	A/B

Paper 3

a Nehmen wir den Sport zu ernst?	J
b Wie erklären Sie sich die Spannung zwischen den Generationen?	A/G
c Drogenmißbrauch in der Bundesrepublik.	A/B/E/F
d Eine Stadt oder Gegend im deutschen Sprachraum.	D

e	Der Umweltschutz.	A
f	Die Religion hat keine große Bedeutung mehr im deutschen Volksleben.	D
g	Inwiefern ist die deutsche Presse wirklich frei?	B/D/F
h	Ist das Auto als Verkehrsmittel überholt?	A

Paper 4

a	Soziale Probleme im ehemaligen Ostdeutschland.	D
b	Bedrohen die Großstädte Geist und Gesundheit ihrer Bürger?	A
c	‚Internet! Internet! Internet! Alles ist Internet!'	A/B/G
d	Die besten Dinge im Leben sind frei!	G
e	Rechtsradikalismus in Deutschland.	A/B/E/G
f	Was halten Sie von der Verfilmung bzw Fernsehübertragung berühmter Literaturwerke?	H

Paper 5

a	Was haben Sie über die Haltung der Deutschen zum Sport gelernt?	C/J
b	Ist der Wagen ein notwendiges Übel der Zivilisation?	A
c	‚Dumm sein und Arbeit haben, das ist das Glück!' Was meinen Sie dazu?	G
d	Was erwarten Sie von der Eurowährung?	E/F
e	Kann man es erreichen, daß alle Kinder die gleichen Ausbildungschancen haben?	G
f	Streß in den deutschen Schulen.	C/D
g	Eine deutsche Persönlichkeit, die mich interessiert.	D

Paper 6

a	Größer heißt nicht immer besser, und bestimmt nicht was die Schulen betrifft.	A/G
b	Sagen die Einwohner der Ostländer, daß das Leben besser vor der Wende wäre?	A/B/E/F/G
c	Gleichberechtigung für Frauen? – Das ist zu weit gegangen!	A/G

d	Trinken macht Spaß!	I
e	Die deutsche und die britische Jugend – ein Vergleich.	D
f	Inwiefern können Sie aus eigener Erfahrung bestätigen, daß die Deutschen ein freundliches Volk sind?	D
g	Eine deutschsprachige Gesellschaft im Spiegel ihrer Filme.	A/D/H

Paper 7

a	Der Bundesbürger und sein Staat.	D
b	Was sind für Sie die entscheidenden Ereignisse der Nachkriegsjahre in Deutschland?	D/E/F
c	Vergleichen Sie die Nachkriegsdeutschen und die moderne Generation.	D/E/F
d	‚Wer seine Heimat nicht kennt, hat keinen Maßstab für fremde Länder.' (*Goethe*)	G
e	Das deutsche Schulsystem sollte mehr zentralisiert sein. Nehmen Sie Stellung dazu.	E/F
f	Versuchen Sie zu begründen, warum Sport und Alpinismus von England ausgehen!	J
g	Was für eine Welt wäre diese ohne Musik!	H

Paper 8

a	Probleme des Streikrechts in der modernen Gesellschaft.	A/B
b	Dokumentarfilme als eines der wertvollsten Elemente in Fernsehprogrammen.	G/B
c	Erklären Sie die Hauptprobleme, mit denen der deutsche Sport konfrontiert wird.	J
d	Die Unterschiede zwischen Ihrem Schulleben und das Schulleben Ihres Austauschpartners.	E/F
e	Kunst und Literatur in einem deutschsprachigen Land.	D
f	‚Die Jugend interessiert sich nicht mehr für Politik!' Ihre Meinung dazu?	E
g	‚Der Himmel bewahre uns vor großen Männern!'	G

Paper 9

a Sind Sie mit den Experten darüber einig, daß
   Computers mehr Glück als Unglück bringen?   A/B/G
b Können Film, Funk, Fernsehen und CD-ROM
   das Buch ersetzen?   H
c ‚Längeres Leben bedeutet längeres Leiden.' Ihre
   Stellungnahme?   B
d Welche Sportarten haben die Deutschen am
   liebsten und aus welchen Gründen?   J
e Die Deutschen arbeiten viel mehr in der Schule
   als wir.   D
f Alle Kunst will dem Menschen etwas vermitteln
   und fordert ihn zu geistiger Bewältigung auf.   E
g Ausländerprobleme in einem Land im deutschen
   Sprachraum.   E

Paper 10

a Beschreiben Sie einige Kontraste zwischen Ihrem
   eigenen Land und einem Land im deutschen
   Sprachraum, das Sie besucht haben.   C/D/G
b ‚Rassenhaß hat mehr mit Arbeitslosigkeit als mit   B/D/E/F/G
   Philosophie zu tun.' Ist das auch Ihre Meinung?
c Ein deutscher Film, der Ihnen imponiert hat.   D/H
d Spielt die Schule die wichtigste Rolle bei der
   geistigen Entwicklung eines Menschen?   E/G
e ‚Humor ist auch eine Kunstart.' Nehmen Sie
   Stellung zu dieser Aussage.   G/H
f Amerikanische Einflüsse auf das Leben in einem
   Land im deutschen Sprachraum.   A/D/F
g Die gesellschaftlichen Konflikte unserer Zeit.   A/D/E/F

Appendix D

Key to the Exercises

Assignment paragraph commentaries, pages 7–9
The paragraphs below are meant as guide-lines only and are not intended to be complete.

A(1) and A(2)
Note how much clearer and specific **A(2)** is. This is a general rule for all the examples in this section. Although each pair of paragraphs treats the same theme, (2) is always a little fuller and fills out information which is left woolly in (1), e.g.:

etwas Neues – eine neue Erscheinung

The second expression tells you just that much more. It has to be *etwas Neues*, itself, but more than 'something new', it is a new phenomenon.

Veränderungen für – Veränderungen . . . in der Stellung der Frau

Again, the latter statement is that much more positive. *Veränderungen für* could easily relate to changes happening almost regardless of what woman, herself, is doing. *Stellung* implies firmness and the very considerable struggles and achievements of suffragettes and later feminists.

Seit der Jahrhundertwende – seit Auftreten usw.

The latter gives far more information. A vague statement about the beginning or turn of the century might be completely lost on many readers with no knowledge of woman's fight for suffrage.

B(1) and B(2)
Jetzt – Aus der obigen Vergleichstellung

Jetzt could be purely temporal, i.e. 'now', at this point in time, whereas *Aus der obigen Vergleichstellung* makes it clear that our insight has been obtained from the material contained in the preceding paragraph(s).

B(1): This first sentence is so woolly that it is difficult to see what is being said. **B(2)**: By separating a consideration of the causes of fear from the first sentence, gives the reader a little more time to situate himself, before being presented with a fairly complex analysis of emotion and motivation.

C(1) and C(2)

The use of the *Vorbereitungen* idea in **C(2)** does far more than *näherkommen* to help ask the question whether the Olympic Games are worth all the effort put into them. Similarly, *erhebt sich* rather than *hören wir* conveys some impression of the importance of the question being asked.

In **C(1)** you could be forgiven for asking yourself what exactly *sportlich* means, as, in one sense, the Games are clearly 'sporting'. *Ein sportlicher Wettbewerb* gets much nearer to the underlying questioning of the commercial and nationalistic redefinition of 'Sport'.

D(1) and D(2)

Bedeutend is now so clichéd in this context as to be almost meaningless. The emphasis on *Vordergrund* implies far more that the problem has long been there, but is now particularly significant.

Der Mensch als Mensch is on a par with the English 'as such' and conveys relatively no information. *Als denkendes Wesen* tells us much more about 'man, the thinker' and prepares us for the central point of the essay.

Auseinandersetzen and *übergreifen* convey much more of a sense of urgency and the depth of the problem than do their counterparts in **D(1)**, *denken* and *scheinen näher*.

E(1) and E(2)

In **E(2)** the use of *geben* and *Unabhängigkeit* focuses attention far more on the concept of (enthusiastic) freedom, than do the thin *haben* and *unnötig*. Similarly *abgelegene Orte* and *leicht erreichen* convey much more of the idea of the motor-bike rider as his own master, free to discover hitherto inaccessible places, than do *weit* and *fahren*. Again, the simple expansion of *meinen Führerschein habe* into *meinen Führerschein gemacht habe*, underlines the worthwhile effort. Something will have been achieved and not just come about.

F(1) and F(2)

Eindrücken does more than *als ich . . . schrieb* to convey the impression of accruing personal experience. Likewise, *wohlhabend* gives the reader far more positive information than the almost meaningless *gut*. Similarly, *beeindruckt* gives an altogether greater impression of the force of the revelations than does *Meinung*.

The poor paragraph in each pair has been deliberately included in the book, because such material is typical of much work produced by both Advanced Level and Degree students, when it is felt to be too much effort to use a dictionary or better a *Stilwörterbuch* to convey the exact meaning of what one is thinking. The thought that something is not more than vaguely what one means but that it will do leads inevitably to a groping, blurred type of German that one colleague has christened *Noddydeutsch*. If you, yourself, are still guilty of this tendency, it is encouraging to note that you can rescue yourself with a little thought.

Assignments A–E, pages 16–21

A

1 erwähnen, die Ursache, teilweise.
2 ergab sich, häufig, erhebliche, vollbrachten.
3 beträchtlichen, entstanden, verschlechterten.
4 allerdings, gemildert.
5 hinzufügen, äußerst wünschenswert.
6 Debatten, ebenfalls, Punkte Gegenargumente anzuführen.
7 besonders bestrebt, fördern (n.b. Kinder).
8 Das Faktum, bemerkenswert, eine Zeiterscheinung, betrachtet.
9 Dieser Unterschied läßt sich weltweit beobachten.
10 Dieser Zustand, erschwert.

B

1 lösen.
2 beantworten.
3 Stellung, obigen.
4 Inwiefern.
5 verwunderlich, bestehen.

6 Gebiet.
7 erwähnt, erhebliche.
8 Fall, Verhältnis, günstig.
9 Hinsicht, Lage.
10 Begriffe, verknüpft.

C

1 Historisch, Erscheinung.
2 Ebene, anzuführen.
3 Standpunkt, zusammenfassen.
4 Ursachen, unterteilen.
5 Kontakt, überbrücken.

6 mich anstrengen, erörtern.
7 Mittel, besitzt, entledigen.
8 ersehen, entgehen.
9 Beziehung, klären.
10 Argumente, Gewicht.

D

1 Anhänger, Unterstützung.
2 ersehen, hervorruft.
3 Persönlickeit, bevorzugt.
4 nachteilig.
5 hochtrabende.
6 unterstützen, die Aussage.
7 Vorteil, verhelfen.
8 eintönig, entfliehe, Phantasiewelt.
9 Zusammenhang, erwähnen, beherbergt.
10 ermöglicht, beseitigen.

E

1 berücksichtigt, beiträgt.
2 Eindrücken, erwähnt, wirkt.
3 etliche, akademischer.
4 Betrachtungen, befassen.
5 Erwägungen, getroffen.
6 bezogenen, Waage.
7 vorhanden, beseitigt, annimmt.
8 Umstände, grundverschiedenen.
9 Fundamente, Einstellung.
10 bemerkenswert, entwicklungsfähig.

Assignments 1–23, pages 85–89

1 Deutschland ist ein schönes Land und es macht mir immer Freude wieder dorthin zu fahren. Wenn ich auch an dieses Land denke, fällt es mir ein, wie ähnlich wir Engländer und Deutsche sind. Freude and Frieden habe ich in Deutschland gefunden.

2 Lesen heißt Lernen und für mich muß das immer günstig sein. Es hat mir die Gelegenheit geboten, in andere Ländern zu fahren und die Leute kennenzulernen ohne mein Zimmer zu verlassen. Jetzt sehe ich die Welt ganz anders als früher an.

3 Der heutige Mensch ist der Ansicht, daß er zwar gelernt hat, die Natur zu beherrschen, aber meiner Meinung nach ist dies nicht die Wirklichkeit, weil die Menschheit nur eine kleine Rolle auf dieser Erde spielt und lernen muß, sich selbst zu beherrschen. Der Mensch ist nur ein winziger Teil eines größeren Planes.

4 Andere aber wohnen in sehr unpersönlichen Betonstockwerken, die keine Gärten, nur einen Balkon haben. Ich bin der Ansicht, daß dies gefährlich ist, besonders wenn es Kinder in der Familie gibt, weil sie Raum zum Spielen und zum Lernen brauchen.

5 Ich gehe gern ins Kino, weil es sehr unterhaltend ist. Das Alltagsleben ist so langweilig, daß es mir sehr bedeutend scheint, Filme zu sehen. Fernsehen ist auch unterhaltend, aber es gibt keine Atmosphäre zu Hause und viel Streit zwischen den Leuten, die fernsehen.

6 Als ich zum ersten Mal nach Deutschland fuhr, fand ich alles so anders. Das Wetter war viel wärmer, die Deutschen waren so freundlich und das Essen schmeckte mir so gut. Und der Wein! Zuerst hatte ich ihn nicht so gern, aber endlich trank ich lieber Wein als Kaffee!

7 Warum lernen wir fremde Sprachen? Wir dürfen nicht vergessen, daß wir nicht nur eine Insel sind, sondern auch ein Teil Europas. Wir lernen Deutsch, um unsere Nachbarn kennenzulernen und weil wir dieses Land besuchen wollen. Jedesmal, wenn ich eine Reise ins Ausland mache, verstehe ich unsere Partner in der EU besser.

8 Der Begriff von ‚Fairplay' muß jetzt erklärt werden. Es ist ein Wort, das sicherlich in England seinen Ursprung hat – sinnverwandt mit solchen Spielen wie Fußball, Tennis, Cricket unter anderen. Das heißt, daß man ein Spiel ehrlich spielt und daß man verliert, wenn es nötig ist und bei guter Laune bleibt.

9 Es hängt daher von dem Temperament ab, ob eine Person viel Fairplay besitzt oder nicht. Die Untersylvaner zum Beispiel, ob sie Fußball, ihren Lieblingssport, ernstlich oder dilettantisch betreiben, spielen oftmals sehr böse und aggressiv. In diesem Fall kann man kaum von Fairplay sprechen.

10 Die Schule bereitet die Kinder auf das Leben mit anderen Leuten vor und bietet Gelegenheiten für Sozialentwicklung. Die Kinder spielen und arbeiten zusammen und mit etwa dreißig Kindern in der Klasse müssen sie Geduld haben. Auch müssen sie lernen, zusammen zu arbeiten, während es zu Hause nur die Familie gibt, die die Kinder treffen.

11 Am Anfang dieses Jahrhunderts sind die Frauen unruhig über ihre Stellung in der Gesellschaft geworden. Eine Sache von äußerster Wichtigkeit für diese Frauen war das Wahlrecht. Sie forderten Gleichberechtigung mit den Männern, wenn eine Regierung gewählt werden sollte. Die Frauen mußten sich dieses Wahlrecht erkämpfen. Sie brachten ein bestimmtes schwerwiegendes Argument vor, nämlich daß sie ihren Wert im Krieg gezeigt hatten.

12 Musik ist für mich ein Heil. Nach zehn Stunden Arbeit hilft sie mir, mich zu entspannen. Ich spiele Klavier und ohne mein

Klavier wäre ich verrückt geworden. Spaß beiseite, Sie sollten mir glauben, wenn ich das sage. Meine Musik ist mein Sicherheitsventil.

13 Die Struktur der Familie hat sich in den letzten siebzig Jahren drastisch von der der traditionellen Großfamilie auf die der ‚Kernfamilie' geändert. Bis zur Jahrhundertwende war es wohl die Regel eher als die Ausnahme, daß mehrere Generationen in einem Haushalt vereint waren. Besonders in Städten ist das heute wesentlich seltener der Fall.

14 Man findet in Deutschland drei Schularten: die allgemeinbildenden Schulen, die Fachschulen und die Universitäten. Unter den allgemeinbildenden Schulen befinden sich die Volksschule, die Mittelschule unde die Oberschule. Im Gebiet der Fachschulen haben wir Fachschulen für Ingenieurausbildung, Architektenausbildung und ähnliches.

15 Es war meine Pflicht ein Gebiet Deutschlands auszusuchen und zu erklären, aus welchen Gründen ich einen Aufenthalt in dieser Gegend nehmen möchte. Wenn ich aber keineswegs eingeschränkt gewesen wäre, hätte ich als ersten Besuch eher eine Rundreise ausgewählt und am liebsten eine Rundreise per Fahrrad.

16 Dieser Aufsatz sollte versuchen, die Beziehung zwischen dem Individuum und der Gesellschaft zu erklären. Um einen Beginn zu machen, müßte die Frage gestellt werden: inwiefern entstehen Kooperation und Zusammenarbeit durch Eigennutz und sein Gegenteil den Altruismus?

17 Die oben angeführten Punkte zusammenfassend, würde ich sagen, daß die auf die Wirtschaft bezogenen positiven und negativen Argumente sich die Waage halten, wenn nicht besondere nationale Verhältnisse das Gleichgewicht in die eine oder andere Richtung verschieben. In sozialer Hinsicht ist die Lage etwas anders.

18 Man darf andererseits nicht vergessen, daß unsere Begriffe von Gut und Böse, Strafe und Vergebung mit der christlichen Lehre verknüpft werden. Solange diese uns als Basis dient, sollten wir uns an die Lehre der Vergebung halten und nicht auf das Alte Testament – Auge um Auge, Zahn um Zahn – zurückgehen.

19 Wie kann man diese Stellung nun zusammenfassend bejahen? Wie aus der Behandlung der einzelnen Punkte zu ersehen ist, gibt es auch Kranke, die ein schönes und zufriedenes Leben geniessen können. Auf Grund der sozialen Umstellung aber wäre es besser anzunehmen, daß diese Gruppe allmählich kleiner wird.

20 Auf die Frage auf welchem Gebiet eine Besserung als besonders vordringlich angesehen wird, nannten 1975 und 1977 jeweils knapp zwei Drittel der befragten Führungskräfte die wirtschaftlichen Verhältnisse in der Bundesrepublik.

21 Diejenigen Berufe, die die Deutschen am meisten schätzen, sind nicht ihre Traumberufe. Das hat das Meinungsforschungsinstitut Allensbach bei einer Umfrage festgestellt. Bei der Frage nach den am meisten geschätzten, am höchsten geachteten Berufen antworteten 84 Prozent der befragten Deutschen: ‚Arzt'. Danach folgten der Pfarrer und der Professor.

22 Der europäische Statistiker, der die Zahlen mit eigenen Erfahrungen verglich, fand sich geneigt, ihnen weitgehend zu glauben, aber natürlich waren diese Ergebnisse anfechtbar. Eine Differenz von 1 bis 5 Punkten mußte als möglicherweise irrelevant gelten, auf Zufälligkeiten beruhend oder auf Irrtümern.